EL CÓMIC COMO FUENTE
DE INFORMACIÓN PARA INVESTIGAR
LAS CRISIS EN ORIENTE PRÓXIMO
(1948-2020)

COLECCIÓN COMUNICACIÓN

EL CÓMIC COMO FUENTE DE INFORMACIÓN PARA INVESTIGAR LAS CRISIS EN ORIENTE PRÓXIMO (1948-2020)

ANTONIO MALALANA UREÑA

CEU | Ediciones

Esta editorial es miembro de UNE, lo que garantiza la difusión y co-mercialización de sus publicaciones a nivel nacional e internacional.

El cómic como fuente de información para investigar las crisis en Oriente Próximo (1948-2020)

© de los textos, Antonio Malalana Ureña, 2024
© de la edición, Fundación Universitaria San Pablo CEU, 2024

CEU *Ediciones*
Julián Romea 18, 28003 Madrid
Teléfono: 91 514 05 73
Correo electrónico: ceuediciones@ceu.es
www.ceuediciones.es

ISBN: 978-84-19976-08-6
Depósito legal: M-2564-2024

Maquetación y diseño de cubierta: Andrea Nieto Alonso (CEU *Ediciones*)
Imagen de cubierta: Guillermo Altarriba Vilanova

Impresión: Imedisa Artes Gráficas S. L. U.
Impreso en España

ÍNDICE

Abstract:

The Middle East and its successive crises are at the center of interest of world public opinion. Today we have various ways to learn about and investigate successive events, crises between countries, armed conflicts and international terrorism. With this text, we aim to offer an updated and alternative tool for researchers and interested readers. *A priori*, the citizen must understand that the available sources of information are numerous and complex, sometimes inaccessible and at other times surprising. In no case should we give up any of them. Among those we have the comic in all its formats, a source that should be considered prestigious and vindictive for its authors. In this book we collect, in the most exhaustive way possible, the essential titles, a list presented and classified within a series of themes and genres.

Keywords:

Middle East. Representation of conflicts. Public opinion. Source of information. Comic.

Resumen:

Oriente Próximo y sus sucesivas crisis están en el centro de interés de la opinión pública mundial. Hoy por hoy disponemos de diversas formas para conocer e investigar los sucesivos eventos, las crisis entre países, los conflictos armados y el terrorismo internacional. Con este texto, pretendemos ofrecer una herramienta actualizada y alternativa para investigadores y lectores interesados. *A priori*, el ciudadano debe comprender que las fuentes de información disponibles son numerosas y complejas, unas veces son inaccesibles y en otras ocasiones sorprendentes. En ningún caso deberíamos renunciar a ninguna de ellas. Entre aquellas tenemos el cómic en todos sus formatos, una fuente que debería ser considerada como prestigiosa y reivindicativa para sus autores. En este libro recogemos, de la forma más exhaustiva posible, los títulos imprescindibles, un listado presentado y clasificado dentro de una serie de temas y géneros.

Palabras clave:

Oriente Próximo. Representación de los conflictos. Opinión pública. Fuente de información. Cómic.

PARTE I

EL CÓMIC COMO FUENTE DE INFORMACIÓN PARA INVESTIGAR LAS CRISIS EN ORIENTE PRÓXIMO (1948-2020)

El cómic es una forma única de expresión, de las más características de las sociedades actuales (Gubern, 1974: 15); es la visión vanguardista de la cultura popular (Eco, 1984); es una ventana abierta a la realidad (Duncan y Smith, 2009: 13); es un medio de comunicación poderoso que transmite valores (Kraska, 2015), que inspira a los lectores (Wetham, 1954) e influye en los colectivos (Gubern, 1974: 83). A lo largo de sus páginas, el cómic puede ser un soporte apologético del poder o extremadamente beligerante en su contra. Por consiguiente, es una herramienta formidable para la difusión de las ideologías y de las mentalidades (Barker, 1989). Asimismo, en otras ocasiones, el cómic es un formato de referencia para divulgar la memoria individual o la colectiva.

Consecuentemente, el cómic es un soporte cercano, que facilita al lector la rápida asimilación, mediante conceptos visuales básicos, de la idea principal del relato. El ser humano trabaja y aprovecha mucho mejor los mensajes si dispone de una «serie» de referentes iconográficos.

Hoy en día, por esta y otras cualidades, incluyendo los diferentes perfiles de lector de cómic, la narrativa gráfica está desplazando a la literatura tradicional, pues mejora ciertas limitaciones de la narrativa clásica (Chute, 2008). Además, el cómic, al ser un medio con un grado de libertad e independencia soberbio, puede llegar a desplegar recursos visuales sorprendentes, aspectos que permiten disputar audiencias al cine y a la televisión.

Dicho todo esto, pretendemos plantear una reivindicación del cómic como fuente de información para abordar ciertos temas de la historia reciente. Para justificar tal fin, disponemos de una serie de publicaciones vinculadas, a nuestro parecer, con un ámbito geopolítico de especial relevancia para el mundo actual. Desde la década de los años cincuenta, decenas de títulos abordan, desde muy distintas perspectivas, diferentes aspectos relacionados con Oriente Próximo.

En 1950, Hergé formalizaba un complejo y largo proyecto titulado *Tintin au Pays de l'or noir* (1), cuya acción se desarrollaba en la Palestina bajo mandato británico y que incluía, como argumento principal, las disputas por el control del petróleo o el ambiente político de una región inestable, entre otros motivos, por las acciones ejecutadas por los grupos paramilitares sionistas.

Por tanto, creemos que nuestra propuesta queda perfectamente justificada desde una doble perspectiva. La primera, hoy por hoy, Oriente Próximo domina gravemente las agendas de los estados, de las organizaciones no gubernamentales, de los medios de comunicación e interesa a la opinión pública. Temas como la guerra civil siria, el Dáesh, la crisis de los refugiados o la actual guerra entre Israel y Hamás evidencian por sí solos nuestra propuesta. La otra, conviene tener en cuenta todas las fuentes de información disponibles, y el cómic es un medio alternativo que puede transmitir matices que la prensa, los informativos o los documentales no pueden o no se atreven a plasmar.

1. LAS CRISIS EN ORIENTE PRÓXIMO

Oriente Próximo (*Middle East*) es un término que se utiliza con regularidad para identificar una región intermedia entre África y Asia, aunque también se recomienda el empleo de Oriente Medio o Cercano Oriente. En cualquier caso, los países incluidos serían: Arabia Saudí, Armenia, Azerbaiyán, Baréin, Catar, Emiratos Árabes Unidos,

Georgia, Iraq, Irán, Israel, Jordania, Kuwait, Líbano, Omán, Palestina, Siria, Yemen y Egipto. Asimismo, por la influencia geográfica e histórica añadiremos Afganistán. En algún caso, al incorporarse los estados del Magreb, como Mauritania, Marruecos, Túnez y Libia, se ha generado la idea del Gran Oriente Medio (*Great Middle East*). La exposición que sigue se ha planteado como una mera relación de los acontecimientos. Solo aquellos procesos con representación en formato cómic se ha tratado con un análisis algo más exhaustivos, aunque en ningún caso es un relato exacto. Igualmente, el conjunto de referencias bibliográficas que acompañan al texto debe considerarse como una mera propuesta de lectura complementaria, sin pretender elaborar una listado completo ni sistemático.

Dicha zona, desde 1948, a partir de la partición de Palestina y de la creación del estado de Israel, se ha convertido en una de las zonas más inestables del planeta, con amplias repercusiones políticas, militares, sociales y económicas.

Los hitos históricos serían los siguientes:

- 1948   Creación del estado de Israel
- 1948-   Conflicto árabe-israelí
- 1948-   Conflicto palestino-israelí
- 1975-1990   Guerra civil siria
- 1978   La URSS invade Afganistán
- 1979-1989   Guerra de Afganistán o afgano-soviética
- 1979   Revolución islámica de Irán
- 1982   I guerra del Líbano
- 1988   Al-Qaeda
- 1988-1994   I guerra del Alto Karabaj (Armenia y Azerbaiyán)
- 1990-1991   Guerra del Golfo
- 2001   11-S
- 2001-   Guerra contra el terror (*Global War on Terror*)
- 2001-2014   Guerra de Afganistán
- 2003-2011   Guerra de Iraq

- 2006   II guerra del Líbano
- 2008   Guerra de Osetia del Sur (guerra ruso-georgiana)
- 2010-2011   Primavera Árabe
- 2011-   Guerra civil siria
- 2011-   Guerra civil libia
- 2014-   Dáesh
- 2015   Crisis de los refugiados
- 2015   Guerra civil yemení
- 2016   Guerra de los Cuatro Días (Alto Karabaj)
- 2020   II guerra del Alto Karabaj
- 2021   Ofensiva talibana y caída de Kabul
- 2023   Ofensiva azerí (Alto Karabaj)
- 2023-   Rebeldes hutíes del Yemen

1.1. LA CREACIÓN DEL ESTADO DE ISRAEL. EL CONFLICTO ÁRABE-ISRAELÍ. EL CONFLICTO PALESTINO-ISRAELÍ

El 14 de mayo de 1948, una vez proclamada la independencia, se crea el estado de Israel. Naciones Unidas, además de aprobar la resolución de la creación del nuevo estado, incluía la partición territorial de Palestina (Flapan, 1987). Hasta la fecha, la región ha estado salpicada por numerosas y sucesivas guerras entre árabes e israelíes. Lógicamente, las situaciones más complicadas se localizan al norte, con el Líbano y la milicia Hezbolá, y con los palestinos. De forma consensuada, las distintas fases históricas han sido encuadradas dentro de dos conceptos: conflicto árabe-israelí (1948-) y el conflicto palestino-israelí (1948-) (Corn, 1983. Lapierre y Collins, 2004. Peco y Fernández, 2005. Ben-Ami, 2006. López, 2007. Álvarez-Ossorio e Izquierdo, 2007. Pappé, 2007 y 2018. Levitt, 2007. Chomsky y Pappé, 2011. Sand, 2013. Said, 2015. Gutiérrez, 2016. Lescurre, 2019. Yusef, 2017. Shavit, 2018. Rogan, 2018. Ayestarán, 2021. Wolffosohn, 2021. Irfan, 2023. Sánchez, 2023. Núñez, 2023. Arteaga, 2023):

- 1948   Guerra árabe-israelí o guerra de Independencia de 1948 (Kaniuk, 2012. Rashkes, Cleland y Rashkes, 2021)
- 1948   Nakba
- 1956   Matanza de Khan Younis (Kaufman, 2023)
- 1958   Guerra de Suez (guerra del Sinaí) (Pineau, 1976. Lloyd, 1978. Turner, 2006)
- 1967   Guerra de los Seis Días (Oren, 2002)
- 1967-1970   Guerra de desgaste
- 1972   Operación Ikrit y Biraam o masacre de Múnich (Reeve, 2000. Black, 2005)
- 1972   Operación Cólera de Dios (Jonas, 2006)
- 1973   Operación Primavera de la Juventud
- 1973   Guerra de Yom Kipur (Herzog, 2004)
- 1979   Tratado de paz Egipto-Israel
- 1982   Guerra del Líbano (Schiff y Ya'ari, 1985)
- 1987-1993   Primera Intifada (Aronson, 1987)
- 1993   Acuerdos de Oslo
- 2000-2005   Segunda Intifada (Murado, 2006)
- 2006   Guerra del Líbano (Makosky y White. Condesman, Sullivan y Sullivan, 2007. Achcar y Warschawski, 2007. Farqubar, 2009. Farrés, 2019)
- 2008-2009   Conflicto en la Franja de Gaza –operación Plomo Fundido– (Cohen y White, 2009. Condesman, 2009)
- 2010   Flotilla de Gaza
- 2012   Operación Pilar Defensivo
- 2014   Conflicto entre la Franja de Gaza e Israel –operación Margen Protector– (Bines, 2015. Segell, 2015)
- 2017   Tercera Intifada (Fleming, 2007)
- 2021   Conflicto palestino-israelí
- 2023-   Guerra Israel-Gaza

1.2. GUERRA CIVIL LIBANESA

El Líbano es un país caracterizado por la multiculturalidad, con musulmanes suníes, chiíes, cristianos y drusos, grupos que ya tenían un historial de enfrentamientos previos. Aunque se mantenía un equilibrio razonable. Éste se rompería a favor de la población musulmana tras la creación del estado de Israel y los éxodos masivos de palestinos de 1948 y 1967. Durante la guerra de los Seis Días ya residían varios centenares de miles en el Líbano y dominaban parte del sur del país, además contaban con las milicias formadas y entrenadas por la OLP. La crisis política de 1958 fue uno de los actos previos que cimentaron la polarización del Líbano. La Guerra Fría aumentó la división, los cristianos maronitas se pusieron al lado de Occidente, mientras los grupos izquierdistas y panárabes se acercaron a los países árabes alineados con los soviéticos.

En 1975, el enfrentamiento entre fuerzas maronitas y palestinas inician una secuencia en cadena que desemboca en una larga guerra civil. Grupos izquierdistas, panárabes y libaneses musulmanes formarán una alianza con los palestinos. Sin embargo, a lo largo de la guerra las alianzas fueron cambiantes. Situación que se complicará con la incorporación al escenario bélico de algunas de las potencias vecinas como Siria e Israel –guerra del Líbano de 1982 y ocupación israelí de 1983-1985–, más el estacionamiento de fuerzas extranjeras para el mantenimiento de la paz (Fuerza Multinacional en el Líbano y FPNUL).

Al margen del devenir de la guerra conviene destacar algunos episodios. En septiembre de 1982, durante la guerra del Líbano, tuvo lugar la masacre de Sabra y Shatila sobre la población palestina refugiada en aquellos campamentos. Y en 1983, en un atentado coordinado con camiones bomba lanzados contra los cuarteles generales de los marines de Estados Unidos y de las tropas francesas instalados en Beirut, causaron centenares de muertos (Pino, 1983. Velasco, 2015. Santana y Cooper, 2019-2024).

1.3. LA INVASIÓN SOVIÉTICA DE AFGANISTÁN Y LA GUERRA AFGANO-SOVIÉTICA

En Navidad de 1979 la Unión Soviética invadió Afganistán con el objetivo de apoyar al recién creado régimen comunista en el país, la República Democrática de Afganistán, que estaba sumido en una guerra civil con los muyahidines. Se iniciaba la guerra de Afganistán o guerra afgano-soviética, un conflicto que se prolongaría hasta febrero de 1989. La guerra civil afgana, una ficha más en el tablero de la Guerra Fría, se internacionalizaba. El apoyo de Estados Unidos, amparado en la operación Ciclón, suponondrá la financiación de los rebeldes islámicos (Rashid, 2002 y 2009. Bernabé, 2012. Alexiévich, 2016).

Entre los combatientes muyahidines se identifica combatientes a tiempo parcial y guerrillas profesionales, a los que se sumarán los contingentes radicalizados, incorporados en la fase final de la guerra y financiados por organizaciones islámicas radicales, que serán la base de al-Qaeda (Wright, 2011, 2017).

1.4. IRÁN. ENTRE LA REVOLUCIÓN ISLÁMICA Y EL CASO MASHA AMINI

Irán era una monarquía democrática gobernada por el sha Mohammed Reza Pahlevi. Desde 1977, pero intensificadas a partir de los inicios de 1978, la población demuestra su descontento contra el régimen con protestas masivas, huelgas, etc. Comienza la Revolución islámica. El 16 de enero de 1979, el sah abandona el país rumbo al exilio. El líder opositor, el ayatolá Ruhollah Jomeini, regresaba de su exilio en Francia. En abril, tras un referéndum, se proclama la República islámica. En noviembre la embajada de EE. UU. es asaltada con la toma de rehenes (Bosch Vilá, 1981. Taheri, 1985. Bakhash, 1986. Arjomand, 1989. Wright, 2000. Farzaminia, 2009.

Armanian y Zein, 2012. Sacchetti y Mezzalama, 2018. Axworthy, 2019. Porter y Kiriakou, 2020. Gerbail, 2021).

La República islámica de Irán es un estado autocrático bajo los principios religiosos chiíes, corriente minoritaria frente a los sunníes. El 60% de la población es de origen persa y habla el farsi, una lengua de origen indoeuropeo. El resto de la población está constituida por azeríes, kurdos, luros, turcomanos y balochis. No se respetan los derechos humanos, siendo las minorías, junto a las mujeres (Aldelkhan, 1996. Simonetti, 2011. Farideh, 2015), los grupos más afectados por el régimen. Las entidades que garantizan y preservan el régimen son los Guardianes de la Revolución, una rama militar encargada de la protección del sistema político, y la Policía religiosa, que es la responsable de la aplicación de las normas religiosas, cuya principal actividad es la vigilancia de la vestimenta (de mujeres y niñas mayores de 7 años). Dicha vigilancia se extiende al control de las actitudes sospechosas entre los jóvenes de distinto sexo en los espacios públicos. Actualmente, el estado controla el acceso a internet y la videovigilancia va adquiriendo un mayor peso en la obrservación de la población.

Irán se localiza en una posición estratégica en Oriente Próximo y el Golfo Pérsico. En política exterior su posición es delicada frente a Occidente, principalmente ante EE. UU. e Israel. Actualmente es un país aliado de Rusia en la guerra de Ucrania y es beligerante en los conflictos entre Israel y Palestina o el Líbano, posicionándose al lado de Hamás y Hezbolá.

En este punto sería necesario destacar algunos de los episodios históricos, incluida la propia Revolución islámica, eventos que de una u otra manera han tenido su reflejo en el cómic.

En 1980, Irán e Iraq entran en una larga guerra que se extenderá hasta 1988, un conflicto que ha sido identificado como la guerra de Irán-Iraq, guerra irano-iraquí o primera guerra del Golfo (Donovan, 2011. Razoux, 2017. Paverau, 2014. Sacchetti y Mezzalama, 2018. Zaraoui y Musalem, 2020).

En 2009, los ciudadanos iraníes han sido convocados a unas nuevas elecciones presidenciales. Entre los candidatos favoritos se registran Mahmud Ahmadineyad (oficialista) y Mir-Hosein Muravi (reformista y el favorito para un sector de la población). Tras el recuento, Ahmadineyad es proclamado vencedor, decisión que es entendida como un fraude electoral. Como respuesta se convocan manifestaciones masivas, un episodio que será conocido como Movimiento Verde y que antecede a la primavera árabe. La respuesta gubernamental será una dura represión con decenas de muertos y desaparecidos (Da Prata, 2017. Dabashi, 2017. Karime, 2018. Pourmokhtari, 2023).

En septiembre de 2022, muere la kurda Masha Amini como consecuencia de su arresto por llevar mal colocado el velo (*hiyab*). Como respuesta espontánea numerosas y masivas movilizaciones feministas se extienden por el país. El movimiento será conocido como Revuelta de los cabellos o Revuelta del pañuelo, manifestaciones y concentraciones que fueron fuertemente reprimidas causando decenas de muertos (Erkemen, 2023).

1.5. GUERRA CONTRA EL TERROR

Miembros del grupo terrorista al-Qaeda, mediante una operación coordinada, perpetraban los atentados del 11 de septiembre de 2001 (11-S ó 9/11) (Riedel, 2010. Brow, 2011. Soufan, 2011. Wright, 2014). Desde aquel instante asistimos a una fase histórica identificada como la Guerra contra el Terror o *Global War on Terror* (GWOT) (Laqueur, 2003. Davis, 2008. Filkins, 2009. Watson y Lansford, 2016). Bajo este término se englobarían múltiples escenarios, como la caza y captura de los organizadores de los atentados, el intento por eliminar al-Qaeda, las invasiones de Afganistán e Iraq, y las guerras derivadas de la ocupación de los dos países.

Desde otra perspectiva destacamos las acciones terroristas con pauta yihadista que se generalizarán por todo el planeta. El listado de antentados perpetrados es largo: sistema de cercanías de Madrid, 11 de marzo de 2004 (11-M); red de trasportes en Londres, 7 de julio de 2005 (7-J); semanario satírico francés *Charlie Hebdo,* enero de 2015; asalto a la sala de fiestas parisina Bataclán, noviembre de 2015; aeropuerto y metro en Bruselas, marzo de 2016; atropello múltiple en la ciudad francesa de Niza, 14 de julio de 2016; atropello múltiple en un mercado navideño de Berlín, diciembre de 2016; entorno de Westminster en Londres, marzo de 2017; atropello múltiple en Las Ramblas de Barcelona y tiroteo en Cambrils, agosto de 2017; masacre frente al aeropuerto de Kabul; agosto de 2021; etc. (Esteban y Mendoza, 2016. Reinares, 2021).

Al-Qaeda no ha sido el único grupo activo o inspirador de las acciones terroristas organizadas o en solitario. También tendríamos que incorporar al Dáesh, ISIS o Estado Islámico de Iraq y Siria. Dicha organización surgió como insurgencia para hacer frente a la invasión de Iraq por Estados Unidos y la coalición multilateral, aunque su influencia se extendería por Siria, aprovechando la coyuntura de la guerra civil de este país y en Afganistán (Bergen, 2011. Zambon, 2015. Warrick, 2015. Martín, 2015. Avilés, 2017. Wright, 2017. Prieto y Espinosa, 2017. Cockburn, 2017. Núñez, 2018. Blomenthal, 2019).

Como hemos señalado anteriormente, dentro de la GWOT se incluyen dos conflictos: Afganistán e Iraq.

El 7 de octubre de 2001, Estados Unidos y la OTAN invaden y ocupan Afganistán, iniciándose una guerra, que oficialmente, se daría por concluida el 28 de diciembre de 2014. Sin embargo, contingentes militares de numerosos países permanecerán instalados en el país como apoyo al gobierno afgano. En marzo de 2021, los talibanes lanzan una ofensiva cuyo objetivo final es la capital. Kabul caerá el 15 de agosto. Las tropas internacionales abandonan apresuradamente y en desorden Afganistán. Los intentos por democratizar e igualar la sociedad local fracasan (Marsden, 2002.

Cooley, 2002. Batalla, 2006. Horton, 2017. Lobo, 2018. Melgarejo, 2018. Whitlock, 2020. Malkasian, 2021. Simón, 2021).

El 20 de marzo de 2003, una coalición de varios países encabezados por Estados Unidos invaden Iraq. El 1 de mayo de dicho año el presidente G. W. Bush declaraba el fin de las hostilidades. Ahora las tropas de la coalición, con el fin de apoyar al gobierno provisional, se convierten en un ejército de ocupación. Comienza la insurrección de sectores de la población iraquí. En 2011, se dará por concluida la guerra, hecho que supondrá la retirada de las tropas estadounidenses (Bardají, 2003. Chomsky, 2004. Keegan, 2004. Greenstock, 2016. Draper, 2020. Leffler, 2023).

1.6. LA PRIMAVERA ÁRABE

Mercado de la ciudad tunecina de Sidi Bouzi, septiembre de 2010, la policía incauta la venta ambulante de Mohamed Bouazizi, quien se inmola como respuesta a la acción policial. Esta contestación personal consigue la solidaridad de la población, actitud demostrada con una revuelta general como protesta a las penurias del país. Una de las consecuencias de las movilizaciones será la dimisión del presidente de la nación, Zine el Abidine Ben Ali.

Los ocurrido en Túnez va a influir notablemente en otros países musulmanes. Lógicamente, la más importante será una inercia continua de movilizaciones de poblaciones empobrecidas que se enfrentan a los gobiernos corruptos o a las democracias condicionadas. La revuelta saltaría a Egipto, Libia, Siria, Yemen, Argelia, Omán y Baréin. Se pone en marcha la denominada Primavera Árabe, un episodio que se extendería hasta 2012 y que tendrá notables consecuencias, como el derrocamiento del gobierno, rebeliones violentas y sangrientas guerras civiles (Manhira, 2012. Praschard, 2012. McCarthy, 2013. Melia, 2017. Fisk, Cockburn y Snegupta, 2017. Taha, 2016. Álvarez-Ossorio, Barreñada y Mijares, 2021. Ben Jellon, 2021. Álvarez-Ossorio,

Mijares y Barreñeda, 2022. Lagos, 2024). Resumiendo, pese a los cambios políticos, el avance de la democracia fue limitado y frustrante para las mujeres (Scheider, 2012. Culbertson, 2016. Strzelecka, 2017). Y como hemos comentado unas líneas más arriba, en otros lugares, el resultado final será la guerra civil (Fraihat, 2016):

- Túnez, 2010-2011 (Revolución de los Jazmines)
- Argelia, 2010-2012
- Líbano, 2011
- Jordania, 2011-2012
- Mauritania, 2011-2012
- Sudán, 2011-2013
- Omán, 2011
- Arabia Saudita, 2011-2012
- Egipto, 2011-2013 (Revolución Blanca)
- Siria, 2011 (guerra civil siria)
- Yemen, 2011-2012 (Las cintas rosas)
- Iraq, 2011
- Baréin, 2011-2012
- Libia, 2011 (guerra de Libia de 2011. Segunda guerra civil libia 2014-2020)
- Marruecos, 2011-2012

1.7. LA GUERRA CIVIL SIRIA

La guerra civil siria es un conflicto que tiene su origen en las protestas asociadas a la Primavera Árabe. Sin embargo, para entender mejor la génesis de la guerra, deberíamos tener en cuenta algunas de las consecuencias provocadas por el cambio climático. Entre 2006 y 2010, el norte del país fue asolado por una larga sequía que arruinó la agricultura. El hundimiento de la producción agraria, y consecuentemente los recursos para la subsistencia, supuso el desplazamiento masivo de migrantes a las ciudades, espacios que ya cobijaban una población urbana empobrecida y descontenta con la gestión policía. Consecuentemente, el sistema se saturó.

En marzo de 2011 una serie de protestas antigubernamentales derivarán en un enfrentamiento civil entre las fuerzas armadas y la oposición siria. Con el paso de los años el conflicto se ha internacionalizado y complicado por la intervención de las grandes potencias e incluso de países vecinos, como Turquía, además de la presencia del Dáesh (Rodríguez, 2003. Álvarez-Osorio, 2016. Ortega, 2016. Van Dam, 2017. Allsopp y Wan Wilgenburg, 2019. Schon, 2020. Rabinovich y Valenti, 2021. Bishara, 2021).

Al margen de las consecuencias propias de una guerra civil, el conflicto provocará el desplazamiento masivo, de centenares de miles de civiles que huyen de las consecuencias de la guerra. Ahora se añade el fenómeno de los refugiados. Sin embargo, esta situación no es nueva en la región. Con anterioridad a la guerra civil, Siria se había convertido en un lugar de refugio para desplazados de los conflictos regionales en el Próximo Oriente, como las guerras de Afganistán y las de Iraq. Ahora, todos juntos, también los sirios, al huir de los combates y de la represión van a generar la mayor movilidad de refugiados del presente siglo.

1.8. LA CRISIS DE LOS REFUGIADOS

La actual legislación española en temas de asilo, asimilando la norma de la Unión Europa y de los convenios internacionales, dice lo siguiente[1]:

La condición de refugiado se reconoce a toda persona que, debido a fundados temores de ser perseguida por motivos de raza, religión, nacionalidad, opiniones políticas, pertenencia a determinado grupo social, de género, orientación sexual o de identidad sexual, se encuentra fuera del

---

1 Art. 4 de la Ley 1272009, de 30 de octubre, reguladora del derecho de asilo y de la protección subsidiaria. Disponible en: https://www.boe.es/buscar/act.php?id=BOE-A-2009-17242

país de su nacionalidad y no puede o, a causa de dichos temores, no quiere acogerse a la protección de tal país, o al apátrida que, careciendo de nacionalidad y hallándose fuera del país donde antes tuviera su residencia habitual, por los mismos motivos o puede o, a causa de dichos temores, no quiere regresar a él.

Entre las causas más frecuentes que obligan a huir a los ciudadanos de otros países son las guerras regionales y las guerras civiles, es decir las zonas en conflicto.

Por otro lado, otro de los motivos para huir a otros lugares es la persecución política en países con regímenes autoritarios. Un ejemplo meridiano es Irán, una autocracia con grandes restricciones a la libertad de expresión y una vigilancia extrema sobre la mujer. Este comentario tiene una justificación, pues una amplia nómina de autores firmantes de los cómics seleccionados para el presente estudio son refugiados intelectuales iraníes.

Como hemos visto en el epígrafe anterior, las guerras de Afganistán e Irán ya habían provocado desplazamientos de refugiados hacia otros países de la región. Algunos de estos contingentes habrían buscado acomodo en lugares de Oriente Próximo, como Siria. En 2011, el país se verá afectado por una larga y cruenta guerra civil que, entre otras consecuencias, además de los miles de muertos, provocó la huida masiva de sus ciudadanos. El número de refugiados y desplazados se aproxima a los seis millones de personas, una cuarta parte de la población. En un primer momento los lugares de refugio fueron países como Jordania, Líbano, Turquía, Iraq y el Kurdistán iraquí (Baylouny, 2020).

En 2015 asistimos a una crisis migratoria cuando de manera masiva arribaron miles de refugiados a los territorios de la Unión Europea procedentes de Oriente Próximo, África, los Balcanes Occidentales y Asia del Sur, oleadas que llegan atravesando el Mediterráneo o por el sudeste de Europa (López y Alonso, 2016. Mellino, 2021. Tocino, 2021. Villasanjuan, 2021).

2. PLANTEAMIENTO TEÓRICO DE LA INVESTIGACIÓN SOBRE EL CÓMIC Y SU RELACIÓN CON ORIENTE PRÓXIMO

Nuestro objeto de investigación es el cómic como fuente de información complementaria y alternativa para analizar las sucesivas crisis generadas, desde mediados del siglo xx, en Oriente Próximo. Los objetivos que proponemos son elementales, como: identificar los temas abordados por los autores y establecer las equivalencias temáticas; reconocer la evolución de los argumentos vinculándolos con la propia inercia de los sucesos históricos y si existe una forma de observar contenidos emergentes; saber cuáles son los géneros elegidos para narrar las historias; valorar la nacionalidad de los autores; establecer las relaciones de preferencia a partir de la localización geográfica de las editoriales...

En ningún caso, comenzaremos nuestra exposición con contenidos introductorios generales, pues disponemos de una adecuada literatura de referencia. Entre dichos asuntos estarían: la historia, la evolución o la teoría del cómic (Mazur y Daner, 2014, Eisner, 1994 y 2003; McCloud, 1995, 2001 y 2005; Dayez, 2002; Harvey, 2005; Hatfield, 2005; Groensteen, 2007; Sabin, 2008; García, 2010; Gallo, 1981; Barbierei, 1998; Beaty, 2007; Cohn, 2013); los modelos de análisis propuestos a partir de diversos matices (Eisner, 1994 y 2003); incluyendo la semiótica (Fresnault-Deruelle, 1972; Eco, 2000; Tisseron, 1987; Muro, 2004); o la narratología (Jiménez, 2016).

En un siguiente peldaño, ponderamos la oportunidad de esbozar un estado de la cuestión general sobre el cómic y Oriente Próximo. Y aunque disponemos de un volumen de trabajos publicados, circunscrito a ciertos rasgos, por ejemplo, el *crossover Civil war*, vol. 1, de Marvel, creemos que estamos ante un tema emergente. Desde nuestro entender, sería mucho más eficaz abordar este asunto, en cada caso, según avancemos en esta exposición.

La metodología, al margen de la recopilación y la consulta de la bibliografía pertinente, particularmente aquella que propone modelos de análisis o que se refiere directamente a los temas seleccionados para este estudio, se ha centrado en dos cuestiones: la identificación y localización de los cómics; y, como deberíamos plantear un análisis de contenido del conjunto.

La tarea más compleja ha sido la localización e identificación de los cómics adecuados. Apenas contamos con recursos eficaces, sobre todo si comparamos el universo del cómic con la industria de las producciones audiovisuales –cine, documentales y series de televisión–. Por desgracia no disponemos de bases de datos universales, similares a *IMDB* o *Filmaffinity,* que ofrezcan información generosa y eficaz. Con todo, convendría enumerar algunas excepciones:

- Grand Comics Database (https://www.comics.org)
- BD Gest (https://www.bdgest.com)
- DC Database (https://dc.fandom.com/es/wiki/Wiki_DC_Comics)
- Marvel Database (https://marvel.fandom.com/wiki/Marvel_Database)

Nuestra propuesta no es definitiva, sobre todo cuando la edición de cómic digital, distribuido por plataformas en Internet, es cada vez más habitual. Con toda seguridad en nuestra lista faltan títulos, por lo que debe estar abierta al descubrimiento de ejemplares desconocidos y a los trabajos que se editen en el futuro. Asimismo, también somos conscientes de ciertos sesgos, pues la mayoría de los títulos editados, proceden de editoriales estadounidenses y europeas, especialmente francesas. Y aunque contamos con elocuentes firmas de nacionales de la región, predomina la visión occidental. Esta característica se enfatiza aún más cuando un buen número de estos autores, por diferentes circunstancias, abandonan sus países de origen y se instalan en Europa o en Estados Unidos.

Igualmente, como complemento, por la calidad y el significado social, político o cultural de algunos ilustradores, hemos decidido incluir una serie de antologías o trabajos recopilatorios de ciertos viñetistas.

Al cerrar esta aportación hemos recogido cerca de 264 títulos publicados entre 1950 y 2020. Como es lógico, desde la fecha seleccionada para acotar los cómics analizados han sido publicados otros títulos, seguramente imprescindibles e interesantes. Como ejemplos hemos incorporados tres publicaciones firmadas por autores de referencia. Riad Sattouf ha ampliado su serie autobiográfica con otro volumen –*L'arabe du future 6. Une jeunesse au Moyen Orient (1999-2011)*, Alary Editions, 2022–. Mana Neyestani ha presentado un nuevo proyecto sobre la vida en Irán –*Les oiseaux de papier*, Ça et là, 2023–. Y la novela gráfica colectiva, aunque coordinada por Marjan Satrapi, está destinada a la denuncia de las consecuencias generadas por la Revuelta del velo en Irán –*Femme vie liberté*, Inconoclaste, 2023– (fig. 1A y 1B).

Para que el listado sea ilustrativo para el lector se ha configurado una tabla donde han sido incorporados varios datos básicos. Ocho columnas recopilan la información relevante.

La primera de las columnas se ha reservado para ordenar los cómics. En cada caso, el número adjudicado se utilizará para identificar cuando se citen en el estudio. El orden es cronológico, y la data está marcada por la edición original.

La segunda y la tercera columna nos servirán para identificar, por este orden, a los guionistas y a los ilustradores.

La cuarta y quinta columna recogen el título y la fecha de la publicación original. Para las series, si aún están abiertas, hemos indicado la data del primero de los números o volúmenes, mientras que para las cerradas aparecerán registrados los años extremos.

La sexta y séptima columnas, quizá las más relevantes, catalogan, mediante dos etiquetas, el contenido de cada uno de los cómics: el género y la temática principal. La visualización de estas dos columnas supone una rápida asimilación de algunas de las ideas que elaboraremos más adelante.

La última de las columnas, detalla el país y la editorial de la edición original. Los datos aquí recopilados servirán para observar, a primera vista, los lugares dominantes en la edición de cómics.

FIG. 1A

Femme vie liberté

Fig. 1ʙ

P. 72, en la historia firmada por Paco Roca y Farid Yabid
(*Sublevarse a los 20 años*)

Dejamos a un lado, aunque creemos incuestionable, el formato gráfico y su relación con la lectura de la palabra, pues requeriría la ayuda de la semiótica. Por sí solo es otro proyecto de investigación. Entendemos el valor del color elegido para ilustrar el relato (blanco y negro, bicromía, color, etc.), la distribución y organización de las viñetas, las formas y la localización de los bocadillos, la recreación (realista o imaginada) de los ambientes, etc. Mención aparte merece el estilo elegido para representar a los personajes (natural, figurativo, caricatura, etc.). El estudio de los avatares elegidos por los autores para la representación del «yo» requeriría, por ejemplo, la colaboración de la psicología.

Igualmente, tampoco queremos ocuparnos de la narración literaria, este aspecto lo dejamos para los especialistas.

Concretando, a partir de este momento dedicaremos todo nuestro esfuerzo a progresar en dos cuestiones. En un primer lugar hablaremos de los géneros elegidos por los autores para contar sus historias. Posteriormente identificaremos los temas principales abordados en los cómics, además de su posible evolución.

3. LOS GÉNEROS

La mayoría de los guiones proponen como argumento inagotables realidades, y aunque nos relaten hechos verídicos, tenemos que entender que la verdad narrada casi siempre está sujeta a la visión personal del guionista-protagonista o, en su caso, a la de un actor que trasmite su propia historia para que otro, el ilustrador, interprete gráficamente el relato. Consecuentemente, junto a las verdades subjetivadas o a las absolutas, también disponemos de títulos de ficción pura o historias cercanas a una realidad imaginada.

Curiosamente, la lista de cómics propuesta se abre con un claro modelo del relato de aventuras, *Tintin au Pays de l'or noir* (1) (fig. 2A y 2B), publicado en 1950. A partir de aquí, tenemos las hazañas bélicas, un estilo utilizado desde la década de los cincuenta del pasado siglo, el *thriller* policiaco o las visiones costumbristas. Quizá más reveladores sean aquellos títulos presentados desde la sátira, cuyo principal objetivo es la crítica política y social, muy útil en tiempos de crisis, junto al recurso de los superhéroes como medio subjetivo para la crítica o la censura del sistema. No obstante, los héroes locales de papel también proceden del deseo por construir sociedades más justas y pacíficas. Superhéroes como Captain Israel (131), Magen (148), Nonel (105) o superheroínas como Vovel (105), Malaak (79) o Qahera (174) son un fiel reflejo de los universos creados por Marvel y DC.

Frente a estas realidades ficcionadas, sobresalen y sobrecogen las historias recuperadas a partir de la memoria individual o colectiva. El género del *graphic memoir* (memoria gráfica) nos ofrece tres subgéneros: autobiografía, biografía y *visual travel journey* (libro de viajes). Por otra parte, la memoria gráfica se cruza con otro de los géneros dominantes, el *comic journalisme* (cómic periodístico). Dentro de la esfera de Oriente Próximo, la utilización del cómic para difundir una serie de hechos o temas, a través del reportaje periodístico, demuestra que éste se ha consolidado definitivamente como un medio de comunicación libre, independiente, alternativo y prestigioso.

3.1. *GRAPHIC MEMOIR* (MEMORIA GRÁFICA)

La mayoría de los proyectos editoriales son el resultado de un largo proceso de maduración personal y de puesta en orden de ideas y de acontecimientos elegidos para compartir con el lector. Dicha trayectoria es el reflejo de una profunda reflexión interior. Los trabajos suelen tardar años en ver la luz. En cualquier caso, la memoria ha encontrado en el cómic un medio idóneo para hurgar en los recuerdos personales, para indagar en la historia familiar y en la de los otros, o, simplemente, para compartir las experiencias vividas. Pepe Gálvez y Norma Fernández (2008) creen que la autobiografía es una exposición egocéntrica de los guionistas.

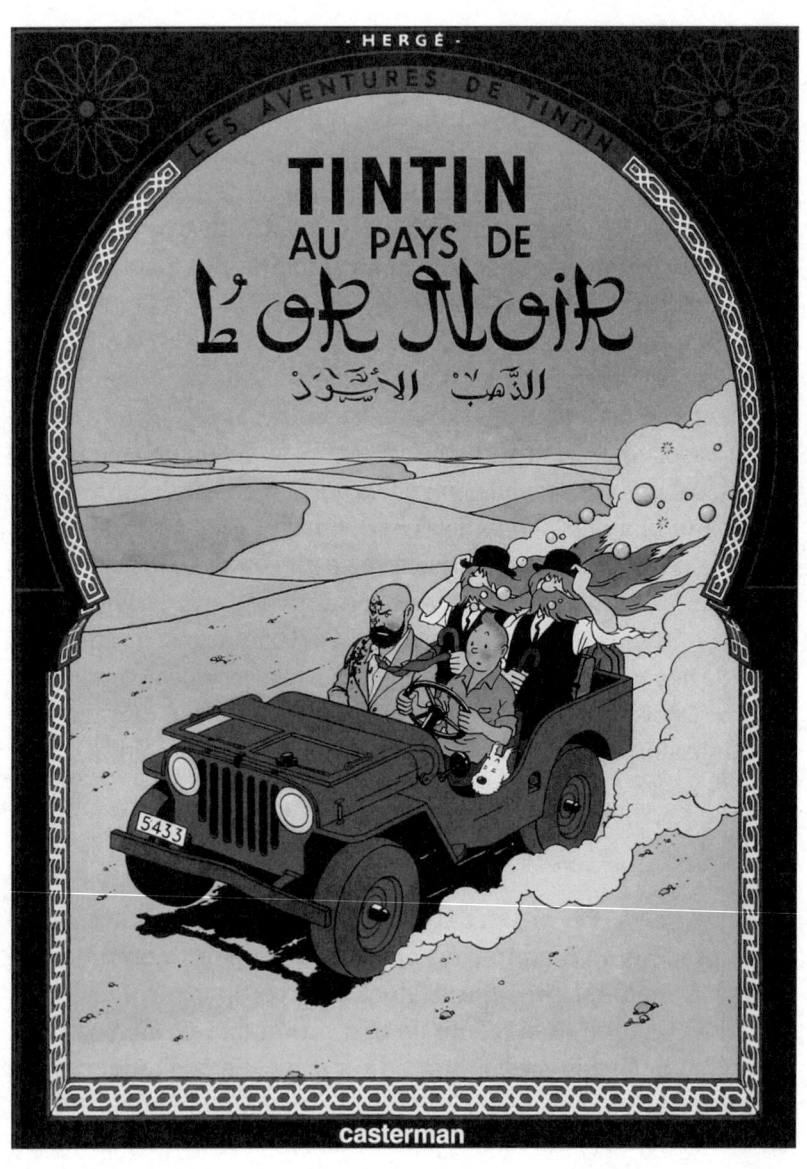

FIG. 2A

Tintin au Pays de l'or noir

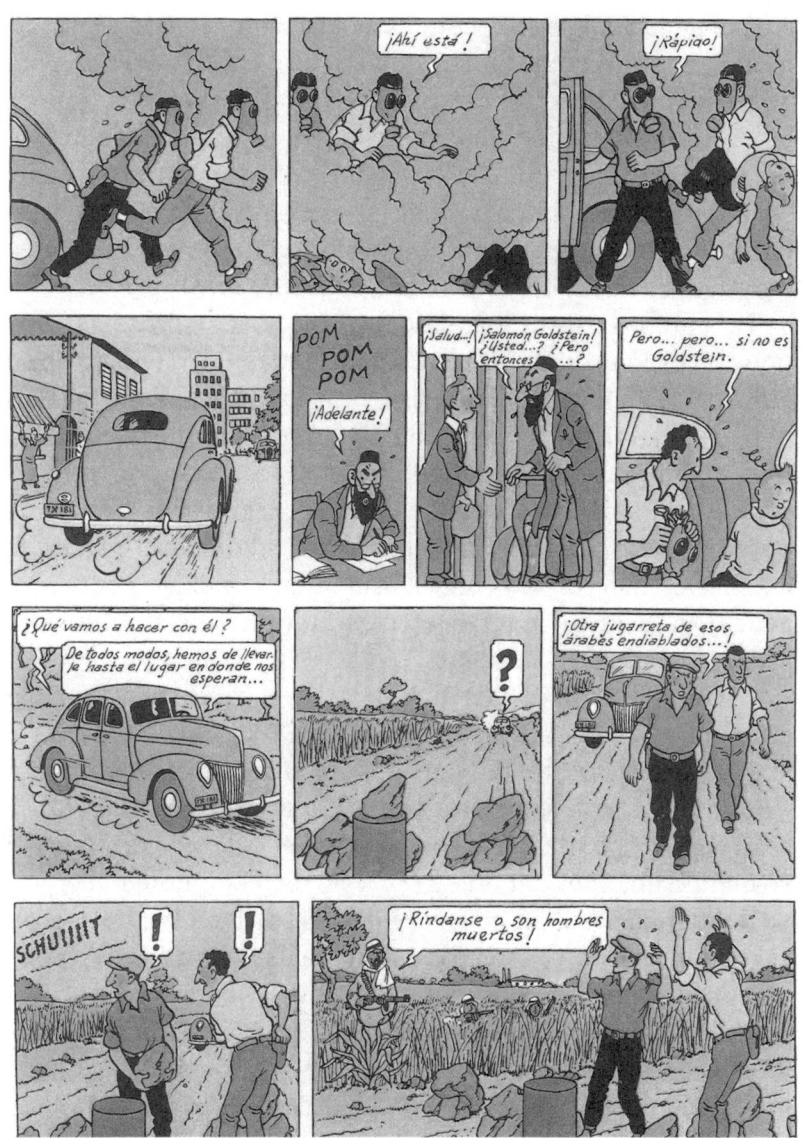

Fig. 2b

Página interior de *Tintin au Pays de l'or noir*

Exiliados y migrantes, como una forma de libertad personal, escriben desde el interior del alma, con un enorme esfuerzo por su parte, por liberar y compartir penurias, momentos íntimos o sucesos dolorosos. Asimismo, también es un medio para reivindicar su origen, cultura y religión como contrapunto frente a las dictaduras o situaciones de guerra. Los títulos vinculados a Oriente Próximo deben ser empleados como un medio idóneo para ayudar a conocer al otro (Pastor i Sanz, 2012).

La autobiografía es un relato retrospectivo en prosa que una persona expone de su propia existencia, poniendo énfasis en su vida individual, particularmente en los acontecimientos de su personalidad (Lejeune, 1994: 50). El cómic encuentra en la narrativa gráfica un espacio idóneo para el relato en primera persona. Lo que vendría a incidir en la idea del proyecto propio que busca la reafirmación de la identidad del autor, junto a la forma de relacionarse con los demás. Esta última cualidad confiere al género un carácter intergeneracional (Miller, 1994: 9; Rifkind, 2008: 424; Fuente, 2011: 268).

El cómic autobiográfico no solo libera la conciencia, también redime el alma. La mezcla de guion y narrativa gráfica añade cierto grado de pérdida de pudor. Creemos que el diseño del autorretrato o del avatar podría ser determinante. Como indica Chaney (2011), el *self-parody* podría interpretarse como el reflejo deformado del yo frente a un espejo. Ahora, el proyecto requiere aumentar el grado de libertad personal, actitud que puede mejorar la empatía con el lector, de hecho, se espera cierto grado de *feedback*.

Curiosamente, la larga nómina de los trabajos recopilados para el presente texto demuestra el peso del cómic femenino. Una larga lista, encabezada por Marjane Satrapi y Zeina Abirached, que incluye nombres como Parsua Baschi, Lamia Ziadé, Rutu Modan, Jaumana Medlej, Miriam Libicki, Larissa Sansour, Sarah Glidden, Roannie, Anaële Hermans, Sasha, Gila Seliktar, Deena Mohamed, etc. Por tanto, el cómic, principalmente el género *graphic memoir* también tendría que calificarse como una herramienta para el discurso feminista (Donovan, 2014: 238; Miller, 1994). La mayoría de estas mujeres han nacido y crecido en Irán, Líbano, Israel, Palestina, etc. Por tanto, sería una excelente proposición plantear el concepto de cómic oriental. Lógicamente, existe una profunda influencia del cómic occidental sobre los autores, pero es posible defender esta propuesta, no tanto desde la técnica, más bien por los temas tratados y por algunos rasgos estéticos de tradición local.

Por otro lado, los contextos socioculturales se centran en países en guerra o sometidos por gobiernos tiránicos. Es probable que, a la vez, se busque la reivindicación de la mujer en las sociedades islámicas. Por desgracia, un buen número de las autoras se han visto obligadas a buscar refugio en Occidente. Sin embargo, las autobiografías o la ficción, pese a la crítica, muestran una clara defensa de las culturas nacionales y sirven como reafirmación personal dentro de las sociedades donde encuentran refugio (Davis, 2005: 265-266).

La obra de la iraní Marjen Satrapi (Davis, 2005. Naghibi & O'Malley, 2005. Malek, 2006. Miller, 2007. Chute, 2008. Chiu, 2008. Botshon & Plastas, 2009. Chaney, 2011. Kenney-Karpat, 2015) resume perfectamente lo expuesto en los párrafos anteriores. Su novela gráfica *Persepolis* (13) debe ser reivindicada como un cómic monumental. Además, respetando los antecedentes de Justin Green, *Binky Brown Meets the Holy Virgin Mary* (Last Gaspe, 1972) o de Art Spiegelman, *Maus* (Mercier, 1999), o Satrapi, no solo por su *opera prima*, también por *Broderies* (28), es una pionera regional dentro del género, pues debemos entenderla como un modelo a imitar por otras autoras.

Encontramos una perspectiva diferente en los títulos publicados por veteranos de Iraq y Afganistán. Como hemos indicado antes, los guiones reflejan las consecuencias físicas y psíquicas de la guerra, el estrés postraumático, junto a la difícil adaptación de todos a la normalidad del hogar. Maximilian Uriarte tanto por *Terminal lance* (114), como por *The white donkey* (211) (fig. 3A y 3B) y *Battle Born* (262), además de los cómics cortos de James A. Bretney, *Blaze of glory* (183) y *Call me robby* (189), son buenos exponentes de estas apreciaciones.

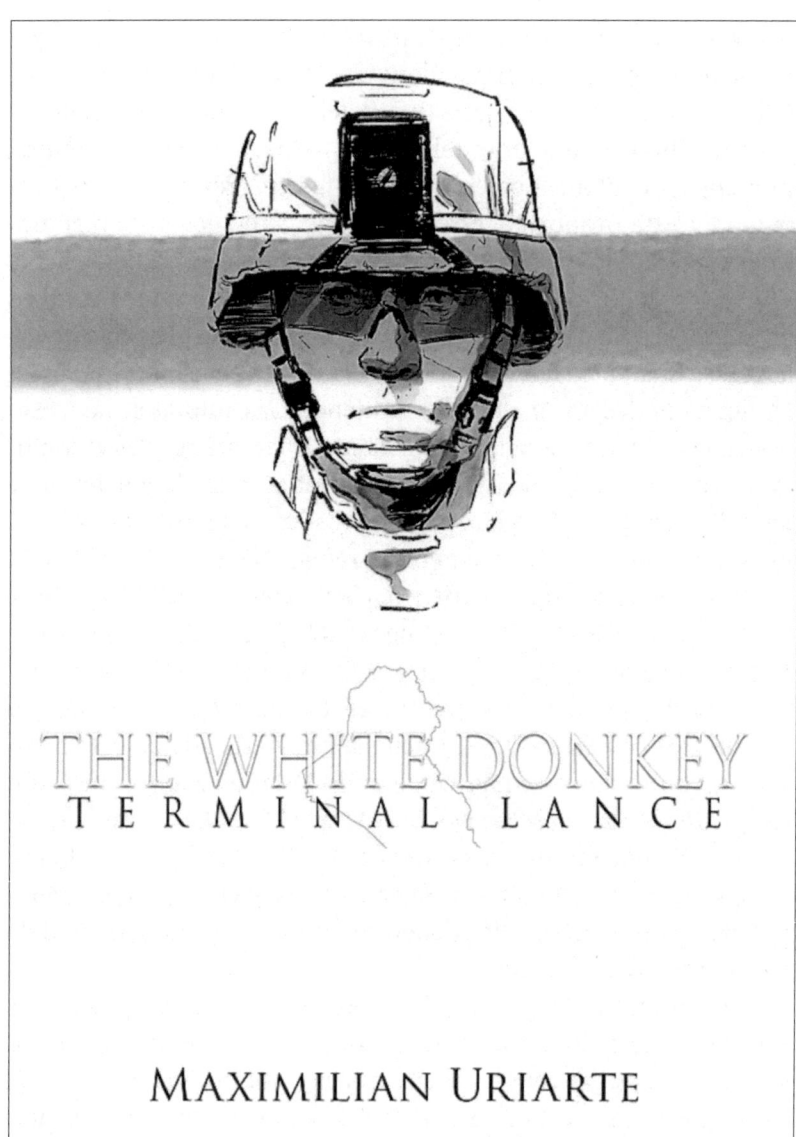

Terminal lance. The White donkey

Fig. 3b

Página interior de *Terminal lance. The White donkey*

Asimismo, muchos de los títulos clasificados como de ficción, por ejemplo, algunos de los publicados por G. B. Trudeau (44, 49, 50, 119 y 178), junto a otros presentados por veteranos, siguen esquemas similares. La mayoría de los autores utilizan el cómic como tratamiento psicoterapéutico de un traumatismo (Miró, 2005. Williams, 2011).

3.2. *VISUAL TRAVEL JOURNEY* (DIARIO DE VIAJE)

El cuaderno o diario de viaje se ha convertido en un tipo de cómic satisfactorio para los autores. No se trata de obras de contenido turístico, más bien son una forma de transferencia pública de un compacto e intenso conjunto de experiencias íntimas adquiridas por los viajeros, quienes visitan países alejados con marcadas diferencias culturales. Varios son los escenarios o los pretextos, como un encargo laboral o de acompañamiento (se trata de viajes no deseados), por un compromiso personal (es un viaje solidario o político), para comprender las propias raíces (viaje introspectivo) o el simple deseo de descubrir sociedades diferentes (esta es la razón mayoritaria).

Una vez finalizada la estancia, de vuelta a los países de origen, surge la necesidad de plasmar lo vivido en un soporte perdurable y público. Lógicamente, algunos de los autores solo pretenden dar a conocer sus propias experiencias. Otros, utilizan el relato como una forma eficaz para denunciar situaciones injustas. De hecho, algunas estancias coinciden con episodios traumáticos o fueron testigos privilegiados de las consecuencias resultantes. Todos tienen una historia que narrar, aparentemente sugestiva, pero no el medio para transmitirla.

Como hemos indicado en el párrafo anterior, los viajeros buscan alternativas a los modelos tradicionales, como los formatos periodísticos, el documental o la ficción cinematográfica. En este momento emerge el cómic como el contrapunto poderoso para contar las cosas, es una herramienta profundamente eficaz para generar conciencia social.

El *visual travel journey* incorpora características propias, la más llamativa ligada a las autorías. Un buen número de estos aventureros no son ilustradores, ni tienen la capacidad para ello. Consecuentemente, requieren de la colaboración de profesionales para adaptar la parte narrativa a la parte gráfica. En este punto, los viajeros deberán aportar una documentación completa y fiable que demuestre la realidad de la experiencia vivida; por ejemplo, un diario de viaje, notas o comentarios personales y un buen número de fotografías.

El grueso de los relatos tiene como argumento Israel o Palestina y el conflicto que los enfrenta. También contamos con destinos que coinciden con países sometidos a gobiernos autoritarios (Irán) o están siendo devastados por la guerra (Afganistán, Líbano, Iraq). Por consiguiente, todos ellos han vivido experiencias traumáticas, hechos que han dejado cicatrices psíquicas de distinto tipo. Y como ocurre con el resto de la memoria gráfica, el cómic servirá como una forma de terapia personal.

El dibujante canadiense Guy Delisle es el claro referente del subgénero: en 2000, publicaba *Shenzhe*; en 2003, *Pyongyang*; en 2008, *Choniques birmanes;* y, en 2011, *Chroniques de Jérusalem* (133) (fig. 4A y 4B). Las novelas gráficas relatan la estancia de Delisle en una serie de lugares, incorporando anécdotas y situaciones reales vividas durante largos meses de estancia, junto a la loable intención por conocer la sociedad que le hospeda. Estos cuatro títulos pueden catalogarse como documentales gráficos, con un sello personal, en donde destaca una visión ácida e irónica del país visitado. Observación que responde al lógico choque cultural que puede producir vivir durante un largo periodo en una de las ciudades chinas emergentes de finales del siglo xx, o en las capitales de Corea del Norte y de Birmania, países gobernados por tiranos. Personalmente, creo que *Chroniques de Jérusalem* es una guía de referencia para comprender, a través de un observador extranjero, no solo lo que está ocurriendo entre israelíes y palestinos (Sola & Barroso, 2014), sino que también las costumbres locales.

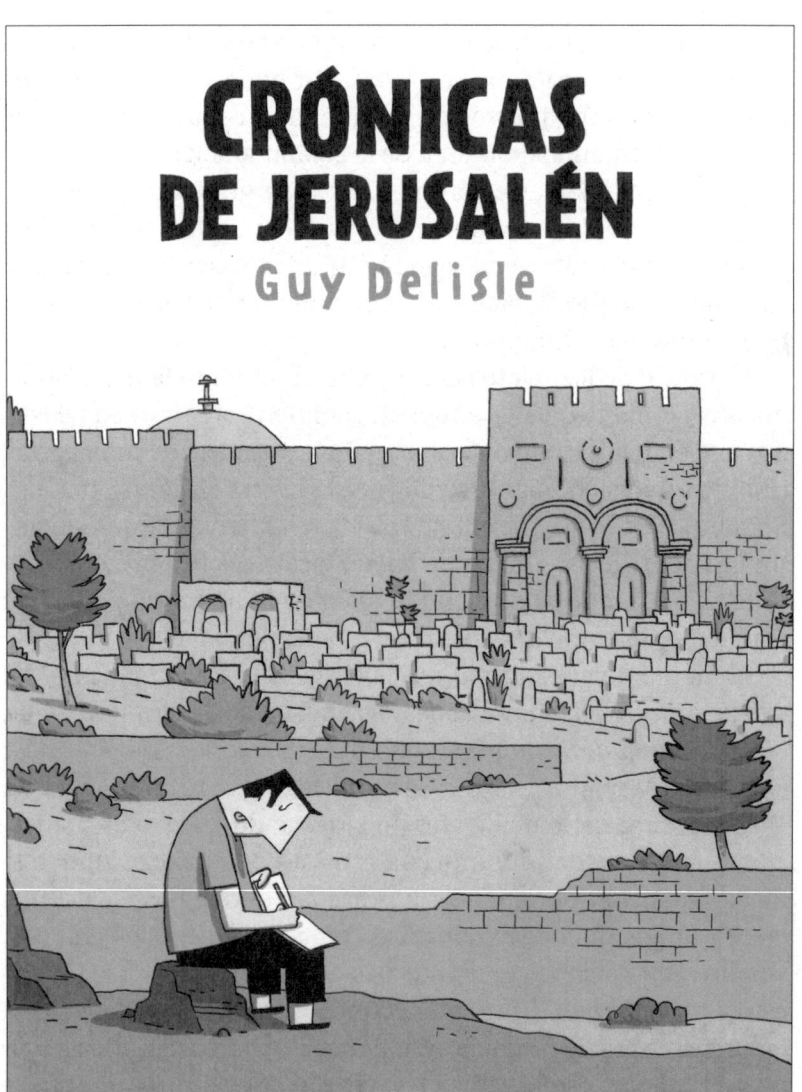

Fig. 4a

Chroniques de Jérusalem

FIG. 4B

Página interior de *Chroniques de Jérusalem*

En 2010, se publicaba *How to undertand Israel in 60 days or less*, presentado por Sarah Glidden (122). Esta joven estadounidense viajará a Israel gracias a la opción del derecho de nacimiento. El resultado es seductor, pues Glidden toma la opción de observar su entorno desde una mirada crítica que busca contrastar la realidad frente a la propaganda. Junto a la novela de Delisle, añadiría esta recomendación para comprender el conflicto desde una perspectiva exógena, no parcial, pero sí honesta.

Delisle (Buli, 2012. Dong, 2016. Johnson, 2014) y Glidden son un claro exponente del cómic de viajeros, pese a que algunos los cataloguen como cómics periodísticos (Melero, 2014). Precisamente, el *comic journalism* podría haber generado un excelente ejemplo de *visual travel journey*. Joe Sacco publicaba, de manera seriada, *Palestina* (9), trabajo que el mismo ha calificado como un *illustrated travel notebook* (Sacco, 2015: VIII-IX). Realmente, muchos de los trabajos catalogados como cómic periodístico, también podrían incluirse en cualquiera de los subgéneros de la memoria gráfica, principalmente como cómic de viajeros. Pongamos como ejemplos *Passage afghan*, de Ted Rall (23); o *Afghan life*, de Matt Bors (126).

Igualmente, la novela gráfica *Le photographe*, podría ser otro de los hitos del subgénero. En ella se relata la traumática experiencia que puso al borde de la muerte a Didier Lefèvre (33), un fotoperiodista francés contratado para documentar la labor desarrollada por Médicos sin Fronteras en Afganistán durante la guerra afgano-soviética. También sobre Afganistán, aunque en un tiempo diferente, la guerra enmarcada dentro del *War on Terror*, contamos con la doble entrega presentada por un expatriado, Nicolas Wild (71 y 80), *Kabul Disco*, otro ilustrador que emula los comentarios irónicos de Delisle, pero que se muestra como un observador satélite que no busca conectar con la población local.

Recuperemos el conflicto Israel-Palestina, la temática más abordada por los visitantes. En primer lugar, mencionaremos los trabajos solidarios y pro-palestinos, como los de Roannie. Esta mujer, miembro de la asociación *France Palestine Solidarité* y comprometida con Amnistía Internacional, ha formalizado varias estancias, entre 2002 y 2005, en Israel y Palestina. Como resultado de los viajes, junto al dibujante Oko, ha compuesto cuatro libros, publicados entre 2008 y 2012, bajo el título común *L'Intruse* (96, 100, 117 y 156). En la misma línea debemos enmarcar el relato de la belga Anaële Hermans (127), titulado *Les amandes vertes* (fig. 5A y 5B), con la colaboración de la ilustradora Delphine Hermans, quienes dan a conocer los recuerdos del viaje que llevó a Anaële, como voluntaria de una organización dedicada a los jóvenes palestinos, hasta la Cisjordania de 2008.

Un estilo similar lo encontramos en los álbumes *Carnet de voyage* (164 y 165). El primero de ellos recoge el regreso a los territorios de Maximilien Le Roy, quien insiste en su lucha por hacer visible la causa y la situación de los palestinos, para ello va a mezclar varios estilos, el reportaje periodístico, la documentación gráfica y, lógicamente, el cuaderno de viaje. El segundo de los trabajos, un grueso libro impulsado por Véronique Massenot, es el resultado del intercambio artístico y cultural franco-palestino desarrollado en octubre de 2009.

Completando el listado, y como tema emergente, incorporamos dos títulos recientes relacionados con Irán. Citaremos la estancia de Nicolas Wild, y su novela *Ainsi se tut Zarathoustra* (151), en donde se mezclan las observaciones sobre el terreno con elementos de ficción; y el viaje turístico de Lénaic Vilain, junto a su pareja, cuyo resultado será la sorprendente *Bon baiser d'Iran* (185), en cuyas páginas se recogen las anécdotas y las contradicciones de la sociedad actual iraní, con un estilo que se asemeja al plasmado por Delisle.

Fig. 5a

Les amandes vertes. Lettres de Palestine

3.3. *COMIC JOURNALISM* (CÓMIC REPORTAJE-CÓMIC PERIODÍSTICO)

El *comic journalism*, cómic periodístico o cómic reportaje es uno de los géneros más analizados y debatidos por los investigadores (Willians, 2005. Sánchez, 2010. Holland, 2012. Scanlon, 2012. Melero, 2012 y 2014. Oliveria, 2013. Matos, 2015. Malalana, 2018). El vínculo entre la narrativa gráfica y los medios impresos es antiguo. La inclusión de viñetas o tiras con un sentido de sátira política es un género cotidiano dentro de las páginas de un periódico. Con respecto a este género, encontramos cierto debate en la catalogación de una serie de títulos. Precisamente, algunos de los más notables subgéneros, como las *Crónicas de Jerusalén*, de Guy Delisle, o *Le Photographe*, de Lefèvre, han sido clasificados como periodístico (Melero, 2014. Picado, 2015).

Lógicamente, Joe Sacco es el máximo referente, siendo el impulsor del cómic periodístico (Willians, 2005. Said, 2005. Van Kerchem, 2013. Brister & Walzer, 2013. Brister, 2014. Shay, 2014. Melero, 2014). Este formato permite difundir crónicas y reportajes en el periodismo de investigación. Asimismo, por la propia génesis, junto a las formas de difusión del cómic, la libertad es un rasgo de calidad, pues difícilmente los autores están sometidos o dependen de las grandes corporaciones de la comunicación. Los periodistas reafirman una serie de cualidades atribuidas: independencia, honestidad y credibilidad.

Dicho esto, podría ponerse en cuarentena el realismo de estas obras, en primer lugar, por el propio formato. La presentación del reportaje como un cómic parecería minimizar la credibilidad de la información expuesta (Sánchez, 2010: 19). Igualmente, se duda de la objetividad de los autores. Es cierto que, en muchas ocasiones, estos parecen tomar partido, pues en la mayoría de los ejemplos no pueden evitar cierto grado de implicación. Sin embargo, y pese a confesar dicho posicionamiento, defienden la honestidad de los trabajos. Así lo ha reiterado Saco: «no soy objetivo, pero sí honesto» (Magi, 2009: 38). En definitiva, el cómic se convierte en una voz y en un medio alternativo.

Al margen del conflicto Israel-Palestina, los temas dominantes focalizan las guerras de Afganistán e Iraq, conflictos surgidos tras las invasiones fallidas de estos dos países como consecuencia de los atentados del 11 de septiembre de 2001. Salvo excepciones, la mayoría de las historias son de carácter autobiográfico o se abordan desde la reconstrucción de la memoria. En cualquiera de los casos, se muestra la figura del periodista como un profesional vocacional, implicado y motivado, adicto al trabajo y a la adrenalina generada por las situaciones de combate, egocéntrico y embebido por su posición, cínico ante determinadas situaciones, inadaptado a la vida civil, incluyendo la separación o la ruptura de relaciones con la familia y amigos, y, finalmente, la necesidad de volver a las zonas de combate para recuperar un infeliz *statu quo* personal. Pero igualmente, recogen las situaciones reales de peligro para los reporteros de guerra, incluyendo el asesinato. Dentro de estas líneas maestras, al margen de relatar las noticias de las que han sido testigos, los guiones también podrían ser catalogados como memoria gráfica o como cómic de viajero. Los guiones de David Axe, periodista estadounidense, son el modelo perfecto de lo anteriormente enumerado, él lo hace en dos libros: *War fix* (60) y *War is boring* (118). Un rasgo común con la *graphic memoir* es la manifestación del estrés postraumático, por lo que los relatos sirven como terapia personal, al menos así lo podríamos observar en *Revenants*, de Maël y Olivier Morel (169).

En los últimos años, por la dinámica de los conflictos, principalmente las consecuencias de Iraq e Afganistán o la guerra civil siria, la tendencia temática se ha centrado en estas zonas, con un volumen de títulos emergentes relativos a la crisis de los refugiados. Por ejemplo, tenemos identificadas, tanto en la ficción como en la realidad, el trabajo de los reporteros locales, el periodismo ciudadano o el periodismo en la red (Malalana, 2018).

ROLLING BLACKOUTS

DISPATCHES FROM TURKEY, SYRIA, AND IRAQ

SARAH GLIDDEN

Fɪɢ. 6ᴀ

Rolling blackout. Dispatches from Turkey, Syria and Iraq

Fig. 6b

Página interior de *Rolling blackout. Dispatches from Turkey, Syria and Iraq*

51

Ahora tenemos una de las obras maestras, tanto por el relato, como por la forma de hacer periodismo, de Sarah Glidden titulada *Rolling Blackouts* (216) (fig. 6A y 6B). A partir de este trabajo, añadimos otros a la lista como *La grieta*, de Carlos Spottorno y Guillermo Abril (219), *Vidas ocupadas*, de José Pablo García (224), *Dem Krieg entronnen*, de Olivier Kugler (226), *Welcome to the new world*, de Michel Sloan y Jake Halpern (257).

Un comentario aparte merece el trabajo de Pratap Chatterjee y Khalil Bendib, *Verax* (228), sobre la guerra secreta mediante el uso de drones.

Finalmente, y aunque el origen está en la viñeta y en la tira, conviene recoger las ediciones antológicas o *ad hoc* de algunos de estos dibujantes. El listado es el siguiente: Yaakov Kirschen (3, 4 y 11), F'murrr (5), Farid Boudjellal (7), Naji al-Ali (12, 108 y 167), Uri Fink (24), Art Spiegelman (38), Émile Bravo (41), Kyle Baker (74), Samir Harb (84-87 y 102), Maximilian Uriarte (114), JacPé (142), Mana Neyestani (150, 172 y 198), Carlos Latuff (161 y 255), Samid Harb (168), Joann Sfar (200), Mohammad Sabaaneh (231), etc. Como característica común emergen las nacionalidades, pues muchos de ellos representan la visión desde dentro de los conflictos.

4. LOS TEMAS

Oriente Próximo es un concepto que identifica un espacio geopolítico localizado en el sudoeste de Asia, más Egipto y Libia. Por su influencia en la región, también hemos decidido incluir Afganistán, pues para este país contamos con cómics que tocan temáticas similares. El marco cronológico estaría perfectamente delimitado, partimos del mundo generado tras la finalización de la Segunda Guerra Mundial, concretamente la creación del estado de Israel, en 1948, y el inicio de la Guerra Fría. La región, por encima de cualquier otra, representa a la perfección como es el mundo actual. Desde el interés por tutelar los gobiernos locales por parte de las grandes potencias, los modelos de los regímenes políticos, el choque entre culturas y religiones, las revueltas sociopolíticas, las disputas por el agua y los recursos naturales, el cambio climático, la migración y los refugiados están presentes.

Por consiguiente, y como hemos señalado en un párrafo anterior, iniciamos nuestro recorrido a partir de la creación del estado de Israel, en 1948, y la subsiguiente reacción de los países árabes vecinos. Es decir, tendremos cómics que traten el Conflicto árabe israelí, junto a las enquistadas, y aun no solucionadas, derivaciones con Palestina y el Líbano. En general, el conflicto árabe israelí, por su longevidad y de inviable resolución, es una temática abierta y recurrente. Y aunque aquí se tratará de manera esquemática, necesitaría abordarla en un espacio mayor y con más detenimiento.

La década de los setenta del pasado siglo, desde el punto de vista histórico, será determinante para la región, pues coinciden una serie de hechos. En 1972, un comando del grupo palestino Septiembre Negro asaltaría la villa olímpica durante los Juegos Olímpicos de Múnich. En aquel atentado morirían once miembros de la delegación israelí junto a cinco terroristas. En 1975, se inicia una persistente guerra civil libanesa. En 1978, la URSS invade Afganistán y se pone en marcha una larga guerra afgano-soviética. En 1979, Irán inicia su revolución islámica. En 1989, cae el muro de Berlín. A partir del 1990 la vieja URSS se desintegra y finaliza la Guerra Fría. Surgen nuevos puntos de conflicto, como las crisis africanas, las guerras de los Balcanes, la del Golfo, la de Chechenia, etc.

En septiembre de 2001, la historia da un giro espectacular, se abre la enésima crisis y un nuevo frente: el terrorismo internacional de corte yihadista. Al-Qaeda, de manera coordinada, ataca suelo estadounidense, era el 11-S. Las consecuencias inmediatas serán las guerras de Afganistán e Iraq, y más atentados por todo el globo, acuñándose un nuevo concepto: *War on Terror*. Una temática tan compleja y densa que merecería otro trabajo específico.

Ahora, como consecuencia del 11-S, principalmente la guerra en Iraq, pero también de la profunda crisis económica iniciada en 2008, en parte agudizada por el cambio climático, junto a otros factores sociales y políticos, a lo largo de la actual década, hemos asistido a la Primavera Árabe, a guerras civiles en Libia y Siria, a la irrupción salvaje del Dáesh y a la crisis de los refugiados.

Y aunque no se circunscriba como un hecho político o histórico, al abordar Oriente Próximo, hemos observado la transcendencia del cómic como medio de difusión para hacer visible la correlación entre la mujer y el islam. Las mujeres musulmanas son una constante inspiración para un notable número de autores.

4.1. EL CONFLICTO ÁRABE-ISRAELÍ

El conflicto árabe-israelí (Juneau y Sucharov, 2010) reúne un buen número de cómics, de hecho, es una de las principales temáticas, circunstancia que ha sido manejada por Michel para presentar esta temática como un subgénero dentro del cómic (2005: 207).

Tintín, como observador privilegiado, podría ser el primero de los grandes personajes que visitan la región. Hergé trasladaría a su héroe al país del oro negro (1). A partir de este instante, el cómic ha sido una herramienta en manos de los autores para contar historias verídicas, tramas de ficción, para servir como medio de propaganda, para dar a conocer al otro o para fomentar el proceso de paz.

Por lo general, encontramos autobiografías, memorias, libros de viajes, superhéroes, reportajes, hazañas bélicas, sátira política, propaganda, etc. El origen de los autores es llamativo, pues los de nacionalidad israelí o palestina no son mayoría, aunque se complementa con trabajos escritos por judíos de nacionalidad estadounidense. Salvo matices, como puedan ser algunas de las tramas elegidas, existe una clara influencia sobre la producción local tanto por el cómic europeo como por el estadounidense. Y, desde otro punto de vista, merecería la pena confrontar las diferentes perspectivas propuestas.

Antes de identificar algunos títulos relevantes, debemos enumerar los sucesos o hechos que marcan cada relato. Dentro del conflicto general entre árabes e israelíes, aparecen como argumento o como marco político y social la propia creación del estado de Israel en 1948 y la reacción de los países árabes: *Jerusalem: a family portrait*, de Yakin y Bertozzi (170); *Café Budapest*, de Zapico (93).

A partir de aquí, parece que el foco se ha centrado en los enfrentamientos particulares con palestinos y libaneses: el conflicto Israel-Palestina y el conflicto Israel-Líbano. Por tanto, contamos con cómics que tratan los siguientes hechos: la masacre de noviembre de 1956, indagado por Joe Sacco en *Footnotes in Gaza* (113); la I guerra del Líbano en 1982, que incluye la matanza de Sabra y Shatila, suceso recogido en la versión del cómic del filme de animación *Vals with Bashir*, del israelí Ari Forman y del ucraniano David Polonsky (110). La Segunda Intifada o las distintas operaciones desarrolladas por las Fuerzas de Defensas Israelíes, puestas en marcha como respuesta tras alguna acción terrorista o militar palestina, como la operación Plomo Fundido entre diciembre de 2008 y enero de 2009 en la Franja de Gaza, reflejada por el Collectif Gaza en *Un pavé à la mer* (101), o la operación Margen Protector.

Los cómics que buscan favorecer el proceso de paz y la integración entre palestinos e israelíes son los mejor intencionados, pero sin tapujos, pues quieren mostrar desde la realidad cotidiana la forma de vida de los palestinos, versiones que en algunas ocasiones son extremadamente subjetivas y militantes. Algunos de los trabajos se presentan desde la lejanía, pero otros, son el resultado de una o varias visitas sobre el terreno y serán presentados dentro de los géneros identificados como libros de viajes o como memoria gráfica.

Comenzaremos este complejo listado por el pequeño libro titulado *Moussa et David*, de Rajsfus y Demiguel (74). Pero sobre todo buscan dar visibilidad al pueblo palestino y las secuelas de la política israelí, como: *Salaam Palestiene*, de Massenot, Pilorget y Abel (165); varios impulsados por Maximilien Le Roy, además de la referida *Un pavé à la mer*, tendríamos *Les chemis de traverse* (116), *Faire le mur* (123) y *Palestine dans quel Ètat* (163); la serie *L'intruse*, de Roannie y Oko (96, 100, 117 y 156); *Les amandes vertes*, de Anaële Hermans (127); *Les frères Ben Qutuz à frustration land*, de Èmile Bravo (41); *Palestina. A child in Palestine*, de Naji al-Ali (12 y 108), *White and Black*, de Mohammad Sabaaneh (231), etc. Es necesario advertir, que algunas de las novelas son el resultado de exploraciones sobre el terreno, unas fueron abordadas a título personal, pero la mayoría corresponden a actividades financiadas e impulsadas por organizaciones no gubernamentales. Un ejemplo reciente sería *Vidas ocupadas*, de J. P. García (224), un encargo de Acción contra el Hambre en España.

Tampoco se deja atrás los efectos de las acciones terroristas sobre Israel, como *Mike's Place*, de Baxter, Fraudem y Shadmi (197); *L'attentat*, de Dauvillier, Khadra y Chapron (147); y *Metralla*, de Rutu Modan (64) (fig. 7A y 7B); *KO à Tel Avid*, de Asaf Hanuka (160, 180 y 223).

Rutu Modan nos sirve de conexión con otra temática, la memoria gráfica vinculada a los miembros de las Fuerzas de Defensa israelíes, pues el personaje femenino de *Metralla*, Numi, es una reservista. Tanto por las relaciones personales, como por la búsqueda de las víctimas supervivientes de un atentado, junto al relato y a la narrativa visual, esta novela gráfica es una de las más representativas del cómic actual y visualiza las secuelas de un conflicto sin salida.

Una de las aportaciones desde el cómic israelí, aunque no muy numeroso, es la recuperación de la conciencia individual del soldado. Junto a Modan, contamos con la serie autobiográfica *Jobnik*, de Mirian Libikcki (94), una joven estadounidense voluntaria que procede de una familia profundamente religiosa.

Entendemos que el estrés postraumático es universal, ya lo contemplamos en *Vals with Bashir* (110). Esta situación personal frente a los recuerdos, para el caso israelí, perdura largos años, incluyendo el periodo como reservista. Hablemos de la novela autobiográfica *Tsav 8*, de Gilad Seliktar (175). El título identifica la orden de movilización de reservistas, cuando, en noviembre de 2012, Israel pone en marcha la operación Pilar Defensivo sobre la Franja de Gaza. Este largo proyecto tiene como precedente, *Meshek 54*, una novela gráfica editada junto a su hermana Galit (87).

La influencia del cómic occidental sobre los autores israelíes es innegable. Inspiración que queda manifestada con la creación de superhéroes al estilo de los creados por Marvel y DC, aunque estos apoyen o encabecen las operaciones del ejército patrio en su lucha contra los terroristas palestinos: *Shaloman*, de Al Wiesner (6); *Captain Israel*, de Schummer (131); o *Magen*, de Stulman y Saavedra (148) son los mejores ejemplos.

Para cerrar el epígrafe hemos elegido tres autores, no israelíes, Joe Sacco, Sarah Glidden y Guy Delisle (Fischer, 2013), con diferentes vinculaciones con la región y con formas de abordar la realidad desde géneros muy distintos.

Joe Sacco, periodista estadounidense mantiene una vieja relación con el conflicto (Van Kerchem, 2013). Afronta la temática desde el cómic reportaje, empleando métodos periodísticos, pero con un tono de cuaderno de viaje ilustrado. La serie *Palestina* (9), publicada entre 1993 y 1995, puede considerarse como uno de los primeros acercamientos a la realidad social a través del cómic moderno. Este trabajo se completaría con una segunda obra, *Footnotes in Gaza* (113), más una colección de reportajes (146).

Sarah Glidden, una joven estadounidense de familia judía viajará a Israel, junto a su amiga Melissa, dentro del programa «Derecho de nacimiento». Durante varias semanas recibirá una inmersión político-cultural, contrastada por las dudas y las preguntas personales, incluyendo el problema palestino, que le genera el país y el recorrido proyectado por los organizadores. El conjunto de experiencias será recogido en la novela gráfica *How to understand Israel in 60 days or less* (122). Este cómic, que se presenta como *visual travel journal*, trasmite ingenuidad, contradicción y deseo de aprender.

Fig. 7a

Metralla

FIG. 7B

Página interior de *Metralla*

Cerramos esta pequeña selección con *Chroniques de Jerusalem*, de Guy Delisle (133). El autor de cómics francófono es un maestro como narrador visual de largas estancias en lugares conflictivos. Percibe la sociedad local como nadie, trasmitiendo sus experiencias con distintas perspectivas; es un observador ácido y perspicaz del entorno, traspasando sus pensamientos con sarcasmo e hipócresía, pues pretende la crítica incisiva, pero natural. Su producto final consigue mostrar un mundo sin implicaciones emocionales, pero extremadamente descriptivo.

4.2. LA GUERRA CIVIL LIBANESA. EL CONFLICTO ISRAEL-LÍBANO

El Líbano de los años setenta se caracteriza por la convivencia entre cristianos, musulmanes, seculares y refugiados palestinos. Un país que contaba con una economía vigorosa, que tenía por vecinos Israel y Siria. En la primavera de 1975, el equilibrio se rompe y se inicia una larga guerra civil entre facciones, conflicto que no concluiría hasta finales de 1990, pero que no se cerraría definitivamente hasta el siguiente año. En todos estos decenios, la injerencia, incluyendo la invasión territorial, de israelíes y sirios es una constante realidad. Durante todo este tiempo, la capital, Beirut, emerge como el símbolo de una guerra despiadada.

Aunque, comparándolo con otros temas, no es uno de los más activos, por su aportación, entendemos que el esfuerzo de los autores es meritorio (Lagn, 2014. El Maizi, 2014). La mejor representación local, aunque con doble nacionalidad francesa, es Zeina Abirached, quien ha recuperado dolorosos y entrañables recuerdos de su infancia en trabajos como: *38, rue Youssef Semaani* (47), *[Beyrouth] Catharsis* (58), *Mourir partir revivir* (67), *Je me souviens* (92), *Le piano oriental* (192) y *Prendre refuge* (236) deben ser considerados como de referencia, no solo por los relatos, sino por el diseño de una bella estética personal. También ligada a los recuerdos, pero con un estilo radicalmente opuesto, citamos a Lamia Ziadé y su *Bye Bye Babylon* (124). Otra visión paradójica es la que refleja una familia egipcia expatriada, que reside en el país, descrita por Boulard, Bona y Herny (248 y 252), *La guerre des autres*.

Excepcional es la perspectiva foránea, como la crónica de viajes de los hermanos franceses Ricard y Girant, *Clichés Beyrouth* (39), y la ficción de Saha y Girant, *Ismahane* (153). En ambos casos, los trasfondos de los relatos giran alrededor de una generación de jóvenes sin futuro.

Tras la guerra civil, pese a la injerencia política y territorial de Siria e Israel, el Líbano consigue una paz quebradiza. Este último estado tiene como enemigo natural el grupo islámico paramilitar Hezbolá, surgido en 1982 como respuesta a la intervención israelí en el Líbano, apoyado y financiado por Irán, y catalogado como grupo terrorista por Occidente. Algunas de las acciones de dicho grupo han servido como excusa para que el ejército israelí invadiera o actuara sobre su país vecino.

Recordemos, que, en 1982, la invasión israelí del sur del Líbano supuso la masacre de centenares de refugiados palestinos residentes en los campamentos de Sabra y Chatila, matanza cometida por la cristiana Falange Libanesa y de la que fueron indirectamente responsables las Fuerzas de Defensa de Israel. En 2008, Ari Folman, uno de los soldados que participaron en la invasión, dirigiría el galardonado filme de animación *Waltz with Bashir*, un trabajo que intentaba recuperar la memoria personal de aquellos sangrientos días, acción que generaría un profundo estrés postraumático entre los israelíes que participaron en la guerra. En 2009, en un viaje realizado a la inversa, Folman y Polonsky, publicaban la versión en cómic de dicho *filme* (109).

Ambientada en 1985, aunque centrada en la ciudad de Tiro y dentro de los enfrentamientos entre Israel y Hezbolá, surge *Les Lumieres de Tyr*, de Safieddine y Jiménez (155), en donde varios niños se organizan como un grupo de superhéroes, y mediante juegos, intentan ayudar a la supervivencia de los habitantes de la ciudad.

Fɪɢ. 8

Malaak

Una de las invasiones recientes, que ha castigado duramente el país, es la guerra de Julio de 2006, así se conoce en el Líbano, o II guerra del Líbano, para Israel, aunque también puede ser identificada como guerra del Líbano de 2006 o guerra Israel-Herbolá de 2006. Precisamente, *Yallah Bye*, de Safieddine y Park (195), cuenta como una familia libanesa, residente en Francia, visita la ciudad de Tiro para pasar unos días con sus mayores, viaje que sería alterado por las hostilidades.

Días después de finalizar este conflicto, surge *Malaak* (79) (fig. 8), una superheroina, inspirada en la mitología y en la historia local, pero con un meridiano estilo Marvel y diseñada por la libanesa Joumana Medlej, que intentará restablecer la paz en las calles de la ciudad.

Para cerrar este epígrafe, como comentario general, y desde el Líbano, ante nuestros ojos tenemos trabajos mayoritariamente escritos por mujeres jóvenes que reconocen haber sido influenciadas por el cómic europeo y estadounidense. Quizá tengan razón, pero tanto por el tratamiento de los temas, como por ciertos elementos estéticos, podríamos defender el concepto de cómic oriental. Entre otros motivos por algunos de los objetivos que persiguen, principalmente la recuperación de la memoria histórica para los libaneses nacidos después de la guerra.

4.3. LA INVASIÓN SOVIÉTICA DE AFGANISTÁN Y LA GUERRA AFGANO-SOVIÉTICA

En 1978, tras la Revolución de Saur, el país se transforma en el estado socialista de la República Democrática de Afganistán. En el contexto de la Guerra Fría, Estados Unidos pone en marcha la operación Ciclón, actividades secretas destinadas a apoyar a los muyahidines rebeldes enfrentados al gobierno. Ante esta situación el Consejo Revolucionario solicitaría la intervención de la

URSS. El 27 de diciembre de 1979, el ejército soviético cruza la frontera e invade Afganistán. Se pone en marcha la guerra afgano-soviética (1979-1989), un duro conflicto que enfrentará, durante una decena de años, a los soviéticos y a los grupos de muyahidines, estos últimos apoyados y financiados secretamente por Estados Unidos. Un episodio, que transcurre en paralelo con la Revolución iraní (1979) y la guerra Iraq-Irán (1980-1988). A pesar de la retirada del ejército soviético, se pone en marcha una larga guerra civil, situación que supondrá la instauración de un régimen islámico-talibán y la emergencia de líderes naturales opositores, los señores de la guerra, encuadrados en la Alianza del Norte.

El cómic, mayoritariamente generado por editoriales occidentales, fundamentalmente francesas, observan el conflicto desde distintas perspectivas, entre la ficción y la memoria. Observamos ciertos rasgos tradicionales, como el cómic bélico de Ponfilly y Follet (70), *L'étoile du soldat*, o el de Micheluzzi (30), *Afghanistan*; y el satírico de F'Murrr (5), en *Le char de l'etat*.

Pero por encima de todos ellos destaca, *Le Photogrape*, de Lefèvre, Guibert y Lemercier (33) (Oliveira & Kraus, 2011. Lawson, 2014). Este cómic es uno de los más característicos y reseñables para nuestro tema, en donde las viñetas se componen con las fotografías Lefèvre y los dibujos de Lemercier y Guibert. El relato reconstruye la locura personal vivida por este fotorreportero en 1986, cuando viaja a la región contratado por Médicos Sin Fronteras. Lefèvre deberá documentar el trabajo del personal médico de esta ONG en una zona de guerra.

4.4. LA REPÚBLICA ISLÁMICA DE IRÁN

En 1979, las movilizaciones populares conseguirían derrocar al gobierno monárquico del Sha, Reza Pahlevi. Sin embargo, la situación, por el impulso de una contra revolución, desembocaría en el establecimiento, el 1 de abril, de una república islámica. De la confusión generada en aquellas semanas, disponemos del esfuerzo de Hamed Eshart por recuperar la memoria de la familia. Hossein, su padre, es uno de los funcionarios de la Savak, el servicio secreto a las órdenes del shah. *Tipping point: Téhéran 1979* (103), relata los inciertos días para una familia que quiere sobrevivir y huir de Irán.

A partir de este instante, tanto la forma de gobierno, como el modelo social cambiarían radicalmente, influyendo notablemente en la libertad de expresión, de prensa, de conciencia, etc. Principios que pueden llevar a la violación de los derechos humanos. La situación de la mujer, por la excesiva regulación de muchos aspectos de su vida cotidiana, se considera crítica, y se observa una profunda brecha de género. En este ambiente, no debemos olvidarnos de la política mundial, enmarcada por la Guerra Fría, que en esta zona de Oriente Próximo enfrentaría a dos países vecinos, Iraq e Irán, durante varios años (1980-1988), en una guerra sin piedad.

El cómic se ha convertido en una ventana abierta para conocer y entender Irán. Los títulos que suelen editarse emergen como una voz de expresión libre de aquellos que se ven obligados a abandonar el país, bien como exiliados políticos, bien como migrantes forzados. Todos los títulos seleccionados podrían calificarse como los retazos de la conciencia colectiva del pueblo iraní.

La mayoría de los cómics han sido publicados por editoriales europeas, salvo excepciones, están escritos por iraníes con residencia en Europa Occidental y abordan temas que describen la situación de la mujer iraní o ciertos aspectos de la represión política en Irán. Todos los trabajos demuestran una sorprendente base cultural y formativa, cuyos anclajes, además del islam, descansan en una profunda herencia, reivindicada, de su propia historia nacional.

El papel desempeñado por Marjane Satrapi es incuestionable (Davis, 2005. Malek, 2006; Miller, 2007. Chute, 2008; Botshon

& Plastas, 2009. Chaney, 2011; Kenney-Karpat, 2015. Masarah, 2016). Su proyecto *Persepolis* (13) (fig. 9A y 9B) resume perfectamente lo descrito anteriormente. Como memoria gráfica, este cómic autobiográfico, junto a *Maus* de Art Spiegelman, no solo es un referente para el género, también es una lectura imprescindible para conocer el estatus de la mujer iraní y, por extensión, de la sociedad del país. Años más tarde, Satrapi escribiría *Broderíes* (28), un relato íntimo y familiar centrado en las conversaciones mantenidas por mujeres de distintas generaciones.

Parsua Bashi es otra mujer nacida en la década de los sesenta. Como ciudadana iraní viviría los años más intensos y crueles de la revolución islámica. Su novela gráfica, *Nylon Road* (60), es un extraordinario legado. Parsua nos muestra un duro recorrido personal, tanto por la difícil adaptación en el país de acogida, como por los duros años vividos en Irán. La síntesis es rotunda, esta autora, formada, inteligente y creativa, sufre la opresión de un régimen temeroso de la libertad individual, que ubica a la mujer al servicio del hombre.

En 2009, tras unas fraudulentas elecciones, Mahmud Ahmadineyad fue reelegido presidente de Irán. Como consecuencia de esta situación, se llevaron a cabo masivas protestas en Teherán y en otras ciudades del país, manifestaciones que fueron disueltas con gran violencia. Asimismo, para blindar el país hacia el exterior, los periodistas extranjeros fueron expulsados. Pese a la prohibición, algunos de ellos decidieron quedarse de manera clandestina. Precisamente, Jane Deuxard, es el seudónimo elegido para proteger la identidad de dos de estos reporteros y la de sus fuentes.

El resultado del trabajo es la novela gráfica *Love story à l'iranienne* (208), cuyo contendido recopila los testimonios de varios jóvenes, principalmente, de mujeres; manifestando el deseo de luchar contra una forma de vida opresiva, la del régimen islámico y la de sus propias familias.

Este último punto nos lleva a poner sobre la mesa una característica predominante entre los guionistas vinculados al relato iraní: la represión política. Varios de los autores son exiliados políticos en Occidente y sus libros están prohibidos en Irán. La utilización de seudónimos es una práctica habitual, obligada para proteger a los familiares que aún residen en el país.

Uno de los autores perseguidos y exiliados es Hamid-Reza Vassaf, quien utiliza la ficción como género. *Au pays de mollahs* (129) es una herramienta para criticar las contradicciones y la corrupción del régimen islámico. Una situación similar es la sufrida por Mana Neyestani, un ilustrador para niños, que fue encarcelado por uno de sus dibujos. *Une métamorphose iranienne* (150) recoge la desgarradora estancia en una prisión y el inicio del camino hacia el exilio.

Volvamos a las consecuencias del 2009. Amir y Khalim han generado una extraordinaria y cruel realidad a través de la ficción con *Zahra's Paradise* (121) (Drazner, 2019). El nombre del cómic hace referencia al mayor cementerio de Teherán. Zahra también es el nombre de la madre de Medhi, uno de los desaparecidos durante la sangrienta represión de las masivas manifestaciones contrarias a los resultados de las elecciones presidenciales. En un principio, los autores del cómic utilizaron como plataforma de difusión Internet, con unos excelentes resultados de audiencia. Por eso, un grupo de disidentes iraníes presentaría al personaje Zahra como candidata virtual a las siguientes elecciones presidenciales.

El guion es una visión despiadada de la realidad, en donde se recrea, a través de las viñetas, una atmósfera insoportable, agrandada por la corrupción del régimen. Este argumento nos recuerda el filme *Missing, de* 1982, dirigido por Costa-Gavras y cuyo guion estuvo inspirado en el libro de Thomas Hauser, *The execution of Charles Horman: an american sacrifice*. En aquella ocasión el país dibujado era Chile tras el golpe de estado de Pinochet.

FIG. 9A

Persepolis

EL VIAJE

FIG. 9B

Página interior de *Persepolis*

4.5. AFGANISTÁN. EPÍLOGO Y PRÓLOGO

Las guerras en Afganistán tienen un epílogo, que a su vez es el prólogo de la Guerra contra el Terror. Ahmad Sah Masud era uno de los
señores de la guerra, un líder político respetado. Lideró la lucha contra los soviéticos. A partir de 1996, regresaría a la oposición armada
contra el régimen talibán, formando parte de la Alianza del Norte.

El 9 de septiembre de 2001, dos días antes de los atentados del
11 de septiembre, sería asesinado, víctima de una acción suicida
perpetrada por al-Qaeda. En algunas de sus intervenciones pú-
blicas habría avisado del peligro que suponía para occidente la
organización terrorista dirigida por Bin Laden.

Transcurridos los años, y con perspectiva, se ha reconocido la
autoridad y la influencia de este personaje, tanto en Afganistán
como para la política global. Esta apreciación queda recogida
parcialmente en varios cómics, pero también con todo su prota-
gonismo en dos novelas monográficas, *Avec Massoud*, de Saint-
Michel, Kada y Glogowski (25) y *L'afghan*, de Charles y Bihel (47).

Como reflexión general, tanto para la guerra afgano soviética,
como para estos señores de la guerra, además de ser el refugio de
al-Qaeda, y pese al interés político de las distintas administraciones
estadounidenses, justificada con una intervención secreta, no es
una temática atractiva ni para autores, ni para editoriales de Estados
Unidos. Por el contrario, las editoriales franco-belgas reivindican la
importancia de lo ocurrido en Afganistán antes del 11-S, publican-
do trabajos muy interesantes para lectores e investigadores.

4.6. EL 11-S. *THE WAR ON TERROR*

El 11 de septiembre de 2001, Estados Unidos sufre la mayor acción
terrorista en territorio nacional. Al-Qaeda perpetraría una serie de
atentados coordinados (*World Trade Center*, el Pentágono y el vuelo
93 de *United Airlines*), no solo dejaría miles de víctimas, también
provocaría un giro inesperado de la historia para el post 9/11.

La administración Georges W. Bush pondría en marcha cambios significativos, tanto en su política interior, como en la exterior. El 7 de octubre de 2001, Estados Unidos comandando una coalición internacional invadía Afganistán. Como resultado inesperado asistimos a la larga guerra de Afganistán (2001-2014). Unas semanas después, 26 de octubre, era aprobada la *USA Patriot Act*. Igualmente, se iniciaba una persecución despiadada a la caza de Osama Bin Laden y de otros miembros de la organización terrorista. El 20 de marzo de 2003, una segunda coalición, también encabezada por Estados Unidos, invadía Iraq. Se ponía en marcha un nuevo conflicto regional, la guerra de Iraq (2003-2011), conflicto que daría paso a la operación Nuevo Amanecer.

Esta coyuntura, que ha terminado por afectar a todo el planeta, ha sido identificada dentro del concepto *War on Terror*, fase aún no cerrada como consecuencia de la aparición del Dáesh. Al margen del 11-S y de las guerras de Afganistán y de Iraq, Occidente ha sido azotado con una serie de brutales atentados en Madrid (11 de marzo de 2004), Londres (7 de julio de 2005), etc.

Sobre este epígrafe podríamos abordar varias tramas de manera independiente, temas que enumeramos a continuación: 9/11; *USA Patriot Act*; *War on Terror*; guerra de Afganistán, guerra de Iraq. Si tomamos como referencia la tabla, 96 títulos –más de un tercio del total–, abordan de una manera u otra estas realidades. Sumemos ahora otra de las características, la mayoría de los cómics han sido publicados por editoriales estadounidenses. Igualmente, al margen de las historias reales, aquí la ficción ocupa un lugar destacado, con una aportación magistral de Marvel y DC.

Ambas editoriales fueron pioneras en los homenajes a las víctimas del 9/11 o la frustración por la inoperancia de los superhéroes, publicados de manera inmediata a los atentados o a lo largo de 2002. Lógicamente, *The Amazing Spider Man*, vol. 2 #36 (14), *Heroes* (15), *9-11. Emergency Relief* (17), *9-11. Artists respond* (18) y *I Love N.Y.* (20) son algunos de ejemplos. Aunque más tardío, recogemos otro de los trabajos imprescindibles, *In the shadow of No*

Towers, de Art Spiegelman (38) (Fleming, 2011. Goldstein, 2013). Asimismo, dentro de la recopilación de títulos indispensables, debemos incluir los cómics periodísticos de Jacobson y Colón, *The 9/11 Report* (62) *y After 9/11: America's war on terror* (81) o el fotoperiodístico de Steve McCurry, *NY 11 septembre 2011* (218) (fig. 10).

Sin embargo, desde otras perspectivas, principalmente la de Marvel, se apuesta por reflejar los acontecimientos de la política nacional y de la lucha antiterrorista (Costello, 2011. Packard, 2011. Scott, 2015). Por ejemplo, tenemos series como *Captain America*, vol. 4 (21), *The Ultimates* (22) (Lund, 2016) y *crossovers* ficcionales *Secret War* (34) y *Fear Intself*. Dicho esto, el producto editorial más relevante ha sido la miniserie *Civil War*, vol. 1 (54). Publicada entre 2006 y 2007, Marvel impulsaría un proyecto que vinculaba series como: *Spider-Man* (51), *Fatastic Four* (52), *Iron Man* (57), *Captain America*, vol. 5 (66), etc., junto a otras nuevas creadas como complemento ficcional, como *Front Line* (55), con desenlaces inesperados y traumáticos para los lectores, como la muerte del Capitán América. Todas estas historias coincidirían con los años más duros de la *War on Terror*, con las guerras abiertas en Afganistán e Iraq, durante el final del segundo de los mandatos de George W. Bush. Este *crossover*, con prólogo (*The road to Civil War*), casi todo el Universo Marvel enfrentado en dos grupos (*Civil War*) y un largo epílogo (*The Iniciative*), acumularía cerca de doscientos números entre febrero de 2006 y enero de 2008. Realmente, el relato gira alrededor del incidente en Stamford, Connecticut, que supone la muerte de centenares de personas inocentes, en un claro símil con el *World Trade Center*. Desde el estado se pondrá en marcha una respuesta legislativa, *USA Patriot Act*, en la realidad, y *The Superhero Registration Act*, para el mundo paralelo de Marvel. Como consecuencia, para los superhéroes rebeldes o frente a los yihadistas, la réplica sería la prisión alegal: en Guantánamo (realidad) o en la Zona Negativa (ficción). Igualmente, como garantes de la aplicación de la nueva ley, junto a la gestión de la seguridad, aparecen Homeland Security (realidad) o se consolida S.H.I.E.L.D.

(ficción), agencias de seguridad que trabajan gracias a la restricción de la privacidad, de la libertad individual y por la relajación de la supervisión judicial.

Entre los mundos creados por Marvel y la realidad cotidiana no existen grandes distancias. Para confirmar esta impresión tenemos dos muestras. La primera es el tercer proyecto de Jacobson y Colón, quienes han adaptado al cómic el informe del Senado estadounidense sobre el programa de detención e interrogatorios de la CIA, en *The Torture Report* (235). La siguiente experiencia es la recuperación de las vivencias personales de uno de los detenidos, Mohammed el-Gorani, de Tubiano y Franc (243).

La literatura científica relativa a este evento es significativa (Hernández, 2009: 117-118. Langley, 2009. Frezza, 2009. Cuñarro & Finol, 201; Collado, 2012. Endermandi, 2013. Veloso & Beteman, 2013. Kistler & San Juan, 2016. Wesselmann & Jordan, 2016). Por consiguiente, creemos que no debemos extender más nuestro análisis particular.

Junto a los atentados y un mundo que asimila los efectos del post 9/11, Estados Unidos y decenas de países someterán Oriente Próximo a una larga guerra cuyos epicentros serán Afganistán e Iraq. Naturalmente, desde el cómic tendremos, tanto guiones de ficción, como historias reales. Desde el punto de vista de los géneros destacan el cómic bélico, la sátira política y el cómic periodístico, pero, sobre todo, sobresale la memoria gráfica y la autobiografía.

En el género bélico se mezclan la realidad y la ficción. Siempre existe una tendencia por mostrar la guerra desde todas las perspectivas posibles. Los cómics recuperan las acciones militares, la vida en el frente, en el campamento, la pérdida de un amigo, el regreso a casa o el estrés postraumático. En cualquier caso, el objetivo siempre suele ser el mismo, utilizar el cómic como terapia o como homenaje a los soldados. El núcleo central de la narrativa debe encuadrarse dentro del concepto de la *graphic memoir* o como autobiografía. Al margen de las heridas físicas, aparecen episodios de crisis personales como el divorcio, las adicciones y el suicidio.

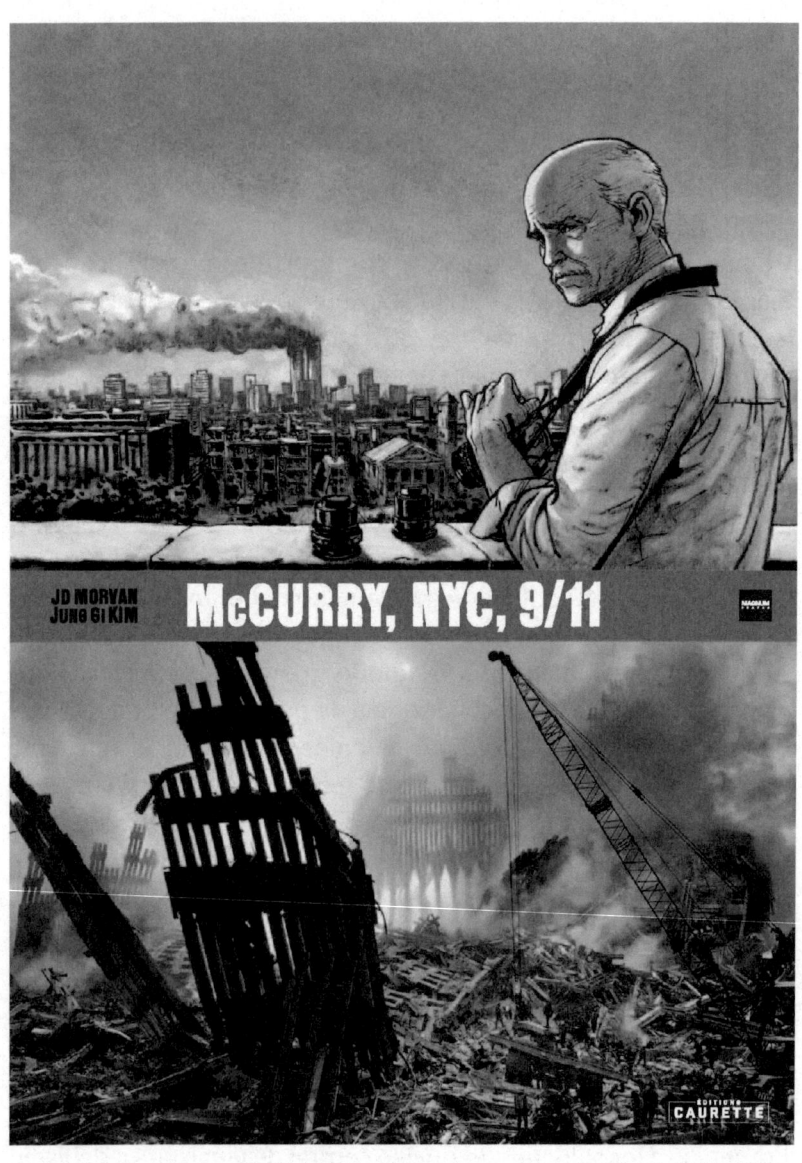

Fig. 10

McCurry. NYC. 9/11

Fɪɢ. 11

Wave and smile

Para el estrés postraumático, pero desde la sátira política, destacamos la trilogía enmarcada en el Doonesbury Universe construido por G. B. Trudeau (Soper, 2013), con *The long road home* (44), *The war within* (49) y *Signature wound* (119); además de la experiencia de una mujer que ha sufrido una agresión sexual con *Mel's story* (178). Manteniéndonos en la sátira, incorporamos dos más: *Join the Army*, del británico Cullen (171), que muestra una dura y agria perspectiva de la participación del ejército de Gran Bretaña en la guerra de Iraq; o *Special Forces*, de Baker (75).

Para la ficción bélica, los ejemplos muestran lo mejor del género, incluida la crítica al sistema y a la política de Estados Unidos en Iraq. El listado podría encabezarse con *Combat Zone*, de Zinsmeister y Jurgens (42); *Shooting war*, de Lappé y Golman (76); *The docs*, de Kraft, Peeler, Larson y Lambert (120), dedicada a los sanitarios, una novela gráfica editada por The Naval Health Research Center; *Shooters*, de Jerwa, Trautmann y Lieber (152); *Blaze of glory*, de Bretney y Lucyk (183); *The sheriff of Babylon*, de King, Gerads y Leon (188); la dureza desgarradora y sin autocensura en *Call me Robby*, de Bretney y Nikolaieva (188); *Bagdad Inc*, de Desberg y Legrain (190), etc.

Notables son dos proyectos editados por Nick Bertozzi. El primero de ellos se titula *Falluyah* (109), un conjunto de cómics que narran distintas historias construidas a partir de los relatos reales de la guerra de Iraq y que tuvieron lugar, entre 2003 y 2004, en la ciudad de Falluyah. Se trata de un proyecto colectivo editado y realizado por los estudiantes del *Comic Book Storytelling Workshop at The School of Visual Arts*. La segunda empresa se organiza bajo el título *Iraq war stories* (106). Para cerrar este grupo, añadiremos una visión alemana, la dibujada por Ame Jushc, *Wave and Smile* (157) (fig. 11) (Kavaloski, 2016).

Dentro del mismo género, merece una mención distinguida la labor de Maximilan Uriarte, un exmarine con dos despliegues en Iraq. *Terminal Lance* (114) es su primer trabajo, un webcómic que se estructura como un diario, cuyas viñetas comenzaron a editarse a partir de 2010. Con un tono humorístico satírico,

Maximilian narra, en tercera persona, las experiencias vividas durante la guerra de Iraq. Después, en 2016, trasladaría su trabajo a una novela gráfica *The White donkey* (211), con las vivencias de Abe y García en la ciudad de Falluyah.

Uriarte es el mejor exponente del cómic bélico como herramienta para la reconstrucción del pasado. En primer lugar, utiliza el género como un proceso para narrar las experiencias propias y para rendir homenaje a los compañeros caídos. Ulteriormente, gracias al tono desenfadado empleado en el relato, junto al tipo de ilustraciones, consigue transmitir una historia «sosegada». En cualquier caso, Uriarte, y otros autores, se suman a una de las tradiciones de los excombatientes, la de recuperar y divulgar la memoria histórica.

Como alternativa al cómic bélico, proponemos una serie de relatos desde el cómic reportaje. Mientras que para el bloque anterior domina la perspectiva iraquí y las editoriales estadounidenses, ahora tenemos una visión más equilibrada con temas que abordan ambas guerras, Iraq y Afganistán, y contamos con una aportación más cualificada desde Europa, los guiones de David Axe, periodista estadounidense, en dos libros: *War fix*, ilustrado por Steven Olexa (60); y *War is borning*, acompañado por el dibujante Matt Bors (118). Curiosamente, Bors viajaría, junto a Ted Rall y Steven Cloud (126), durante un mes a lo largo de Afganistán, experiencia que trasladaría a *Afghan life*.

A partir de aquí citaremos, *To Afghanistan and back*, de Ted Rall (23), material relacionado con los primeros momentos de la invasión del país a finales de 2001. De aquellas confusas semanas es el título homenaje a la periodista italiana *Maria Grazia Cutuli*, de Galeani y Cannatella (142), quien, junto al periodista español Julio Fuentes, sería asesinada al borde de una carretera de Afganistán, camino de Kabul, el 19 de noviembre de 2001.

Reportajes muy concretos, como *The Nisoor Square Shooting*, de Arche (139), reconstruyen pequeñas batallas y escaramuzas en Iraq, como el tiroteo de Blackwater, ocurrido en la plaza Nissour de Bagdad, en 2007, con la trágica cifra de 17 civiles abatidos. De la misma manera, contamos con *Boom*, de Axe y Tanner (138), un cómic que hace visibles los efectos de los IEDs (*Improvised Explosive Devides*) con numerosas bajas provocadas entre las tropas de la OTAN destacada en Afganistán.

En un siguiente escalón añadiremos otras novelas gráficas, guiones que nos aportan miradas diferentes, con relatos autobiográficos, como los blancos humanos occidentales empleados para proteger ciertas instalaciones iraquíes (*Bouclier humaine*, de Bétaucourt, Sellali y Hennebaut [35 y 43]); el de un publicista instalado en Kabul que trabaja para una agencia internacional dedicada a la reconstrucción del país (*Kabul Disco*, de Nicolas Wild [71 y 82]); o la de una iraquí, Alia, quien intenta salvar los fondos de una biblioteca local de los primeros bombardeos estadounidenses sobre Bagdad (*Alia's misión*, de M. Alan Stamaty [36]).

Y, finalmente para cerrar este epígrafe, es necesario abordar individualmente un trabajo con un gran valor simbólico. La novela gráfica *Pride of Baghdad*, de Vaughan y Henrichon (59). El guion está inspirado en un hecho real, pues cuenta las peripecias de una pequeña manada de leones que quedaría en libertad, accidentalmente, cuando el zoológico de Bagdad fue afectado, en abril de 2003, por los bombardeos de la coalición. Al margen de los temas relacionados con la convivencia entre seres vivos, en esta metáfora protagonizada por animales humanizados, el núcleo principal del relato se asienta sobre los conceptos de cautividad, libertad y tiranía.

4.7. LA PRIMAVERA ÁRABE

En diciembre de 2010, Mohamed Bouazizi, un vendedor ambulante tunecino se inmolaba como respuesta a la actuación de la policía sobre su persona. La solidaridad de sus compatriotas se trasladaría a las calles de Túnez con manifestaciones masivas que reivindicaban mejoras sociales para el país (Malalana, 2021: 260-265). Estas movilizaciones ciudadanas terminarían por contagiar a otros países musulmanes, como Argelia, Libia, Egipto, Siria, Jordania, Yemen, Baréin, Omán, etc., movimiento que ha sido calificado como la Primavera Árabe. En todas partes se reclamaba la mejora de las condiciones de vida y la apertura democrática. Sin embargo, la respuesta fue severísima, duras represiones y, en algunos puntos, la crisis desembocaría en una guerra.

La Primavera Árabe, aunque no ha sido un tema esencial, sí fue oportunista, dejándonos, al margen de los títulos relativos a Siria, varios cómics que plasman estos eventos, como *BD Reporter*, de Chappatte (137); *Bahrain*, de Neufeld (140); *La printemps des árabes*, de Filiu y Pomes (207); y *Doigts d'honneur: Révolution en Égypte et droits des femmes*, de Ferec y Bast (209).

De todos ellos, creo que el más perturbador es *Doigts d'honneur* (fig. 12A y 12B), pues su ficción busca la denuncia y hacer visibles las violaciones que sufrieron numerosas mujeres, incluidas varias periodistas occidentales, durante las movilizaciones en la plaza de Tahrir; actos que ponen en entredicho la calidad democrática e igualitaria de la Primavera Árabe.

Enlazando con la situación de la mujer en Egipto, es una obligación ensalzar el personaje creado, como webcómic, por la egipcia Deena Mohamed (174). *Qahera*, la victoriosa o la conquistadora, es una superheroína, vestida con *hijab*, que combate la islamofobia y la misoginia (fig. 13) (Ivey, 2015. Dubbati, 2017. Landis, 2019. Abdelsalam, 2019).

4.8. LA GUERRA CIVIL SIRIA

Siria es uno de los países árabes en donde la violenta represión contra las movilizaciones locales durante la Primavera Árabe se transformaría en guerra civil. A principios de 2011, las manifestaciones desembocarían, primero en una revuelta armada y, finalmente, en una guerra civil inacabada. El ejército leal a Bashar al-Asad se enfrentará a grupos armados, rebeldes de diversa naturaleza, y al Dáesh.

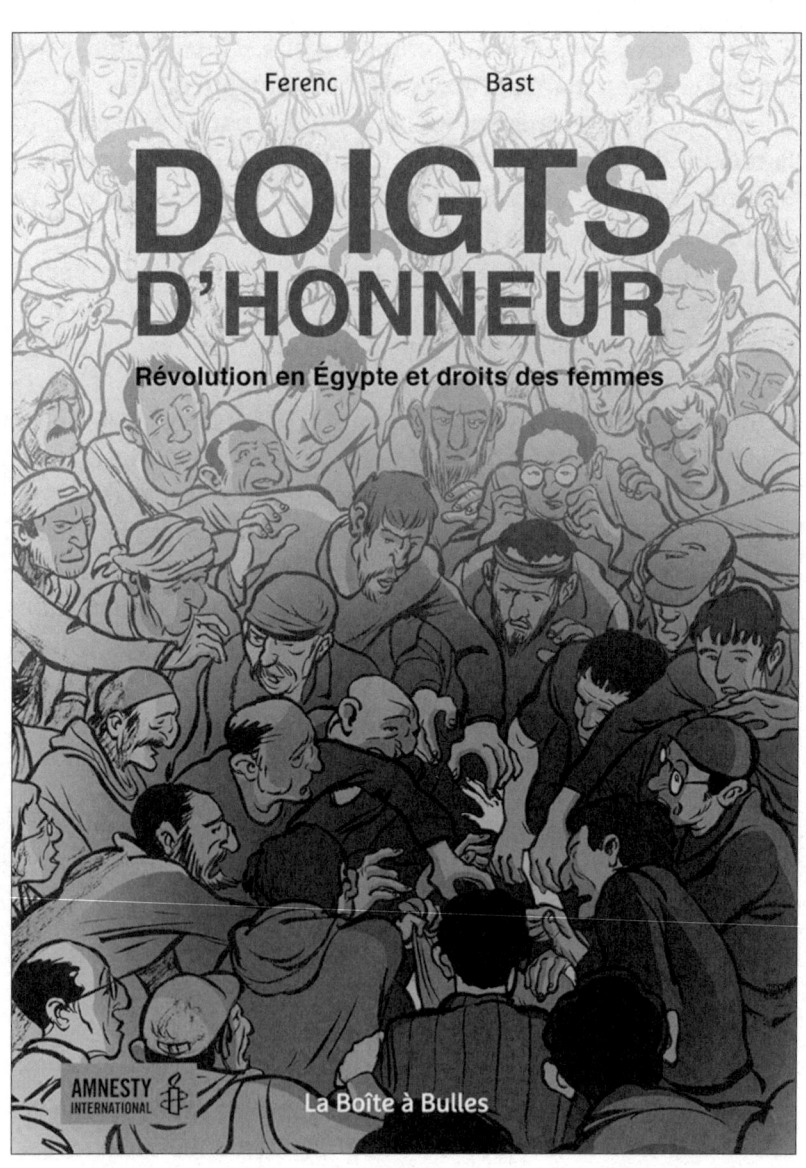

Fig. 12a

Doigts d'honneur

Fɪɢ. 12ʙ

Página interior de *Doigts d'honneur*

FIG. 13

Qahera

La guerra civil siria se ha convertido en uno de los temas emergentes, de dramática actualidad, con distintas vertientes: la Primavera Árabe, el conflicto y la crisis de refugiados. La mayoría de títulos servirán como medio para denunciar las torturas, la masacre de civiles, la violación sistemática de derechos humanos y el holocausto sirio.

En 2011, Quinn y Roche (135) presentaron su cómic digital *Syria's climate conflict*, en donde se maneja la hipótesis de las consecuencias del cambio climático sobre la agricultura del país como uno de los motivos de las protestas contra Bashar.

También es muy probable que la situación política interna de Siria sirviese como aliciente para la serie firmada por Riad Sattouf (179, 186, 215, 240 y 268). Este dibujante de origen franco suizo, colaborador de la revista satírica *Charlie Hebdo*, es autor de la autobiografía *L'Arabe du futur*, un extenso relato que dibuja el país que él conoció durante su infancia y preadolescencia.

A partir de aquí, el resto de los autores abordan los problemas y las consecuencias de la represión política y de la guerra civil. Los trabajos, en crecimiento editorial, con relatos de ficción, son tremendamente contundentes, sobre todo al poner sobre la mesa la situación de la población civil. Tenemos tres propuestas: *La Dame de Damas*, de Filiu y Pomès (192); *Freedom Hospital*, de Hamid Sulaiman (210); y *Madaya Mom*, de Oneill, Momtaz, Talajíc y Mrva (fig. 14A y 14B) (217). Este último es el resultado de un proyecto conjunto de ABC News y Marvel, puesto en marcha para narrar las penurias reales, pero anónimas, de una familia siria que reside en Madaya, una de las ciudades asediadas por el ejército de Bashar al-Asad.

4.9. LA CRISIS DE LOS REFUGIADOS

La crisis de los refugiados es la temática emergente en el último lustro. Este hecho demuestra que el cómic se inspira en una actualidad cercana, pero intensamente influenciada por la realidad mediática. En cualquier caso, se verifica la capacidad del cómic por conectar, explicar e interpretar lo cotidiano.

Fig. 14ᴀ

Madaya Mom

Madaya Mom's father and brother both died in 2012. This past July, death befell the family again when her younger brother was killed.

"He took up arms when the siege was enforced only in self-defense, to protect the entrances of the town...to protect the people of the town from the armed attacks we've been subjected to."

"The post he was guarding with his friends was shelled, his friends got hit. After rescuing the first one, he went back to get his other friend, and a sniper shot him dead."

FIG. 14B

Página interior de *Madaya Mom*

Sarah Glidden (216), con la exhaustiva, extensa y excepcional novela gráfica *Rolling Blackouts*, ha hecho visible el drama de este colectivo. Fue testigo de la situación en que vivían en 2012 los refugiados, principalmente iraníes y afganos, en Siria, Líbano o Turquía. El largo proceso del proyecto de Glidden (el libro no vería la luz hasta octubre de 2016) ha cambiado por completo la situación descrita en *Rolling Blackouts*. La guerra en Siria ha generado un escenario diferente.

La Primavera Árabe, además de sus consecuencias, fundamentalmente las guerras civiles en Libia, Siria y Yemen, desencadenó las acciones crueles del Dáesh en Oriente Próximo y África, provocando una de las mayores crisis humanitarias. Creemos que *La grieta*, de Spottorno y Abril (219), es un duro pero extraordinario resumen visual. Ambos trabajos podrían completarse con *Refugiada*, de Juliá y Gordillo (225), una propuesta, en azul marino, que refleja la sensación de desamparo e incertidumbre de las familias que huyen de las guerras. En cualquier caso, la lista puede ampliarse, pues esta temática ha sido la más común entre 2017 y 2020. La propuesta sería la siguiente: *Dem Krieg entonnen* (226); *Escape from Syria* (229); *L'odyssée d'Hakin* (239, 250 y 258); *Threads. From the refugee crisis* (234); *Intisar en exil* (241); *Stories of the Syriam Refugees* (245); *Cuando cierro los ojos* (246); *Welcome to the new world* (257); *Migrantes* (261), etc.

Con todo, la presencia de la figura del refugiado o del migrante en el cómic no es un argumento nuevo: lo encontramos como soporte de ciertas fases argumentales de varias novelas. Por ejemplo, Satrapi (13), *Persepolis*; Bashi (61), *Nylon Road*; El Rassi (72), *Arab in America...*, recogen la supervivencia, el desarraigo, la soledad, la compleja adaptación sociocultural, etc. La conmoción que genera el cambio obligado de residencia, de país, de costumbres, de idioma, etc., debe ser habitual entre los desplazados. Neyestami (198) utiliza un inteligente tono satírico; describe, a través de *Petit manuel du parfait réfugié politique* (fig. 15A y 15B), las dificultades por las que transitan los refugiados políticos en Francia. Este ejemplo, se complementa con el conjunto de experiencias vividas por el joven sirio Haytham (213), también en el país galo; o las recopiladas por Glidden (216).

5. CONCLUSIONES

El cómic, como producto, forma parte de las industrias culturales actuales. Asimismo, la narrativa gráfica, aparentemente, solo busca entretener a los lectores; sin embargo, los guionistas e ilustradores desean, en ocasiones, mostrar toda una serie de realidades complejas para denunciar situaciones injustas y hechos difíciles de creer.

De hecho, Oriente Próximo y sus crisis políticas constituyen una de estas realidades retratadas por los cómics. Los títulos seleccionados, al menos 264, son representativos para defender el concejo temático independiente y compacto que se puede subdividir en tramas, argumentos que surgen paralelamente a las situaciones sociales o a los procesos históricos.

Asimismo, debido a la situación actual y a la repercusión de dichos hechos, con conflictos políticos arraigados y guerras regionales o civiles, la guerra global contra el terrorismo, al-Qaeda, Dáesh, la crisis de los refugiados, etc., coloca al cómic, como medio de comunicación, en una posición privilegiada para sus lectores porque emergen como una fuente alternativa, libre, creíble y cada vez más prestigiada.

Estas cualidades, perfectamente identificadas en uno de los formatos, la novela gráfica, subrayan el valor de la fuente. Además, esta aceptación es mucho más profunda como consecuencia de algunos de los géneros, como la memoria gráfica (las memorias, las autobiografías o los cuadernos de viaje) y el cómic periodístico. Pero no solo serían los géneros empleados, también ha sido valioso la manera de narrar las cosas. Todos estos autores muestran una irrepetible sinceridad, honestidad e implicación personal, cualidades que ayudan a empatizar con la realidad mostrada. Por ello, creemos que el cómic debe ser catalogado, entendido y utilizado como una fuente de información independiente, alternativa y necesaria para conocer e investigar determinados temas.

Mana Neyestani

**Petit manuel
du parfait
réfugié politique**

Fɪɢ. **15**ᴀ

Petit manuel du parfait réfugié politique

Fig. 15b

Página interior de *Petit manuel du parfait réfugié politique*

FUENTES DE INFORMACIÓN SOBRE LAS CRISIS DE ORIENTE PRÓXIMO

ACHCAR, G. y WARSCHAWSKI, M. (2007). *La guerra de los 33 días. Israel contra Hezbolá en el Líbano y sus consecuencias.* Barcelona: Icara.

ADELKHAN, F. (1996). *La Revolución bajo el velo. Mujer iraní y régimen islamista.* Barcelona: Bellaterra.

ALEXIÉVICH, S. (2016). *Los muchachos del Zinc.* Barcelona: Debate.

ALLSOPP, H. y WAN WILGENBURG, W. (2019). *The Kurds of Northern Syria: governance, diversity, and conflicts.* London, I. B. Tauris.

ÁLVAREZ-OSORIO ALVARIÑO, I. (2016). *Siria. Revolución, sectarismo y yihad.* Madrid: La Catarata.

ÁLVAREZ-OSSORIO, I. e IZQUIERDO, F. (2007) *¿Por qué ha fracasado la paz? Claves para entender el conflicto palestino-israelí.* Madrid: La Catarata; UCM.

ÁLVAREZ-OSSORIO, I.; BARREÑADA, I. y MIJARES, L. (eds.) (2021). *Movilizaciones populares tras las primaveras árabes.* Madrid: La Catarata.

— (2022). *Geopolítica de las primaveras árabes.* Granada: Comares.

APELLANIZ VÉLEZ, M. A. (2018). *Afganistán 2017 ¿misión cumplida?* (tesis doctoral). Madrid: UNED.

ARJOMAND, S. A. (1989). *The turban for the crown. The Islamic revolution in Iran.* Oxford. Oxford University Press.

ARMANIAN, N. y ZEIN, M. (2012). *Irán. La revolución constante. Entre la modernidad y el Islam tradicional.* Barcelona: Flor del Viento.

ARONSON, F. (1987). *Israel, Palestinians, and the Intifada. Creating facts on the West Bank.* London & New York: Kengal Paul Intenational.

ARTEAGA, F. (2012). *Siria: la lenta marcha hacia la guerra civil.* Madrid: RIE, ARI. Disponible en: https://www.realinstitutoelcano.org/analisis/siria-la-lenta-marcha-hacia-la-guerra-civil-ari/

— (2014). *Volver a otra guerra en Iraq. España en la coalición internacional contra el Estado Islámico (ISIL).* Madrid: RIE. Disponible en: https://www.realinstitutoelcano.org/comentarios/volver-a-otra-guerra-en-Iraq-espana-en-la-coalicion-internacional-contra-el-estado-islamico-isil/

— (2023). *La guerra en Gaza: operaciones militares y daños colaterales.* Madrid: RIE. Disponible en: https://www.realinstitutoelcano.org/analisis/la-guerra-en-gaza-operaciones-militares-y-danos-colaterales/

AVILÉS FARRÉ, J. (2017) *Historia del terrorismo yihadista de Al-Qaeda al Dáesh.* Madrid: Síntesis.

AXWORTHY, M. (2019). *Revolutionary Iran. A history of the Islamic republic.* London: Penguin.

AYESTARÁN, M. (2021). *Jerusalén, santa y cautiva. Desde el corazón de la ciudad vieja a la eternidad.* Barcelona: Península.

BACZKO, A.; DORRONSORO, G. y QUESNAY, A. (2018). *Civil war in Syria. Mobilization and competing social orders.* Cambridge: Cambridge University Press.

BAKHASH, S. (1986). *The Reign of the ayatollahs. Iran and the Islamic revolution.* New York: Basic Books.

BARDAJÍ, R. L. (ed.) (2003). *Iraq. Reflexiones sobre una guerra.* Madrid: RIE. Disponible en: https://www.realinstitutoelcano.org/monografias/Iraq-reflexiones-sobre-una-guerra/

BATALLA, J. (2006). *Afganistán, la guerra del siglo XXI.* Barcelona: Debolsillo.

BAYLOUNY, A. M. (2020). *When Blame Backfires: Syrian Refugees and Citizen Grievances in Jordan and Lebanon.* Ithaca: Cornell University Press.

BEN JELLOUN, T. (2021). *La Primavera Árabe. El despertar de la dignidad.* Madrid: Alianza Editorial.

BEN-AMI, S. (2006). *Scars of War, wounds of peace. The Israeli-Arab tragedy.* Oxford: Oxford University Press.

BERGEN, P. L. (2011). *The longest war. The enduring conflict between America and al-Qaeda.* New York: Free Press.

BERNABÉ, M. (2012). *Afganistán. Crónica de una ficción.* Barcelona: Debate.

BINES, L. (2015). *Operation Protective Edge. 55 days of hell on the Gaza strip.* [S. l.]: Lee Bines.

BISHARA, A. (2021). *Syria 2011-2013: Revolution and Tyranny before the Mayhem.* London: I. B. Tauris.

BLACK, A. J. (2005). *Striking Back. The 1971 Munich Olympics Massacre and Israel's Deadly Response.* New York: Random House.

BLUMENTHAL, M. (2019). *The management of Savagery. How America's National Security Stare Fueled the Rise of al-Qaeda, ISIS, and Donald Trump.* London; New York: Verso.

BOSCH VILÁ, J. (1981). *La revolución iraní en el renacimiento del Islam.* Granada: Universidad de Granada.

BROWN, D. (2011). *America is Under Attack. September 11, 2001. The Day the Towers Fell.* New York: Flash Point.

CHOMSKY, N. (2004). *El mundo después de Iraq.* Tafalla: Txalaparta.

CHOMSKY, N. y PAPPÉ, I. (2011). *Gaza en crisis.* Madrid: Taurus.

COCKBURN, P. (2017). *La era de la yihad. El Estado Islámico y la Guerra por Oriente Próximo.* Madrid: Capitán Swing.

COHEN, Y. y WHITE, J. (2009). *Hamas in Combat: the military performance of the Palestinian Islamic Resistance Movement.* Washington D. C.: The Washington Institute for near east policy.

COOLEY, J. K. (2002). *Guerras profanas. Afganistán, Estados Unidos y el terrorismo internacional.* Madrid: Siglo XXI.

CORDESMAN, A. (2009). *Gaza War, a strategic analisis.* Washington D. C.: Center for Strategic and International Studies.

CORDESMAN, A.; SULLIVAN G. y SULLIVAN W. (2007). *Lessons of the 2006 Israeli-Hezbollah War.* Washington D. C.: Center for Strategic and International Studies.

CORM, G. (1983). *Le Proche-Orient éclaté. De Suez a la invasion du Liban 1956-1982.* Paris: La Découverte-Maspero.

CULBERTSON, S. (2016). *The Fires of Spring. A Post-Arab Spring Journey Through the turbulent new Middle East-Turkey, Iraq, Qatar, Jordan, Egypt, and Tunisia.* New York: St. Martin's Press.

DA PRATA, P. P. (2017). *Iran, 2009: une révolution colorée?* Bruxelles: Le Courrier du Maghreb et de l'Orient.

DABASHI, H. (2017). *The Green Movement in Iran.* London: Routledge.

DAVIS, T. A. (2008). *The global War on Terror, 9/11, Iraq and America's crisis in the Middle East.* Indiana: Xlibris.

DONOVAN, J. D. (2011). *The Iran-Iraq War. Antecedents and conflict escalation.* London: Routledge.

DRAPER, R. (2020). *To start a war. How the Bush Administration Took America into Iraq.* London: Penguin Books.

EBADI, S. (2016). *Until we are free. My fight for human rights in Iran.* London: Ebury Digital.

ERKEMEN, E. (2023). *Proteste im Iran 2022 nach den Tod von Mahsa Amini. Desinformation un Staaten.* München: Grin Verlag.

ESTEBAN, G. y MENDOZA, C. (2016). *La guerra global contra el terrorismo.* Badajoz: Anthropia 2.0.

FARIDEH, G. (2015). *Leaving Iran. Between migration and exile.* Canadá: Athabasca University Press.

FARQUHAR, S. C. (2009). *Back to basics, a study of the Second Lebanon War an Operation Cast Lead.* Kansas: Combat Studies Institute Press.

FARRÉS FERNÁNDEZ, G. (2019). *Análisis de conflictos y Relaciones Internacionales. Una elaboración teórica de la Sociología del*

Poder. Causas de la Guerra del Líbano de 2006 (tesis doctoral). Madrid: UAM.

FARZAMINIA, N. (2009). *Irán. De la Revolución Islámica a la Revolución Nuclear.* Madrid: Síntesis.

FAVEREAU, C. de (2014). *La guerre Iran-Iraq. Saddam Hussein et le role controversé des États-Unis.* Francia: 50Minutes.

FILKINS, D. (2009). *Forever war. Dispatches from the War on Terror.* London: Vintage Books.

FISK, R.; COCKBURN, P. y SNEGUPTA, K. (2017). *Arab Spring then and now. From hope to despair.* [S. l.]: Independent Print Limited.

FLAPAN, S. (1987). *The birth of Israel. Myths and reality.* New York: Pantheon Books.

FLEMING, E. (2007). *Third Intifada. Nonviolent but with words sharper than a two-edged sword.* Colorado: Outskirts Press.

FRAIHAT, I. (2016). *Unfinished Revolutions. Yemen, Libya, and Tunisia after the Arab Srping.* New Haven: Yale University Press.

GERBAIL, T. (2021). *La República islámica de Irán y el Movimiento verde.* Jalisco: Ediciones Nuestro Conocimiento.

GREENSTOCK, J. (2016). *Iraq. The cost of war.* London: Random House.

GUILLEMIN, H. (2013). *La guerre du Golfe (1991).* Francia: Utovie.

GUTIÉRREZ LÓPEZ, B. (2016). *Evolución del concepto de insurgencia contemporánea. El caso palestino* (tesis doctoral). UNED.

HERZOG, C. (2004). *La Guerra del Yom Kippur.* Barcelona: Inédita editores.

HORTON, S. (2017). *Fool's errand. Time to End the War in Afghamistan.* Austin: The Libertarian Institute.

IRFAN, A. (2023). *Refuge and Resistance: Palestinians and the International Refugee System.* New York: Columbia University Press.

JONAS, G. (2006). *Venganza. El relato verídico de una misión contraterroristas israelí.* Barcelona: RBA.

KANIUK, Y. (2012). *1948.* Barcelona: Libros del Asteroide.

KARIMI, M. (2018). *The iranian Green Movement of 2009. Reverberating echoes of resistance.* Reino Unido: Lexington Books.

KAUFMAN, U. (2023). *Eighteen days in october. The Yom Kippur War and how it created the Modern Middle East.* New York: St. Martin's Press.

KEEGAN, J. (2004). *The Iraq war.* Pricenton: Secker and Warburg.

LAGOS, R. (2024). *La Primavera Árabe y el trasluz de la egipcia abanderada.* Madrid: ACCI.

LAPIERRE, D. y COLLINS, L. (2004). *Oh, Jerusalén.* Barcelona: Planeta.

LAQUEUR, W. (2003). *La guerra sin fin. El terrorismo en el siglo XXI.* Barcelona: Destino.

LEFFLER, M. P. (2023). *Confronting Saddam Hussein. George W. Bush and the Invasion of Iraq.* Oxford: Oxford University Press.

LESCURRE, J. C. (2019). *El conflicto palestino-israelí.* Madrid: Rialp.

LEVITT, M. (2007). *Hamás.* Barcelona: Belacqua.

LLOYD, S. (1978). *Suez 1956: A Personal Account.* London: Jonathan Cape.

LOBO, R. (2018). *Cuadernos de Kabul. Historias de mujeres, hombres y niños atrapados en una guerra.* Barcelona: Ediciones Península.

LÓPEZ ALONSO, C. (2007). *Hamás. La marcha hacia el poder.* Madrid. La Catarata.

LÓPEZ ALONSO, I. y ALONSO, J. R. (2016). *El camino de los refugiados.* Madrid: Luis Vives.

MAKOVSKY, D. y WHITE, J. (2006). *Lessons and implications of the Israel-Hizballah War.* Washington D.C.: Washington Institute for Near East Policy.

MALKASIAN, C. (2021). *The American War in Afghanistan.* Oxford: Oxford University Press.

MANHIRA, T. (ed.) (2012). *The Arab Spring. Rebellion, revolution, and a new world order.* London: Guardianbooks.

MARSDEN, P. (2002). *Los talibanes. Guerra y religión en Afganistán.* Barcelona: Grijalbo.

MARTÍN, J. (2015). *Estado Islámico. Geopolítica del caos.* Madrid: La Catarata.

MCCARTHY, A. C. (2013). *Spring fever. The illusion of Islamic democracy.* New York. Encounter Books.

MELGAREJO, J. (2020). *Afganistán. La guerra enquistada.* Barcelona: Laertes.

MELIÁN RODRÍGUEZ, L. (2017). *Primavera Árabe y cambio político en Túnez, Egipto y Jordania.* Madrid: CIS.

MELLINO, M. (2021). *Gobernar la crisis de los refugiados. Soberanismo, neoliberalismo, racismos y acogida en Europa.* Madrid: Traficantes de Sueños.

MURADO, M. A. (2006). *La Segunda Intifada.* Madrid: Oriente y Mediterráneo.

NÚÑEZ VILLAVERDE, J. A. (2023). *Israel y la (imposible) eliminación de Hamás.* Madrid: RIC. Disponible en: https://www.realinstituto elcano.org/analisis/israel-y-la-imposible-eliminacion-de-hamas/

— (2018). *Dáesh. El porvenir de la amenaza yihadista.* Madrid: La Catarata.

OREN, M. B. (2002). *Six Days of War. June 1967 and the making of the modern Middle East.* Oxford: Oxford University Press.

ORTEGA, A. (2016). *Siria: una guerra mundial concentrada.* Madrid: RIE. Disponible en: https://www.realinstitutoelcano. org/blog/siria-una-guerra-mundial-concentrada/

PAPPÉ, I. (2007). *Historia de la Palestina moderna. Un territorio, dos pueblos.* Madrid: Akal.

— (2018). *La cárcel más grande de la tierra. Una historia de los territorios ocupados.* Madrid: Capitan Swing.

PECO YESTE, M. y FERNÁNDEZ GÓMEZ, M. (2005). *El conflicto palestino-israelí.* Madrid: Ministerio de Defensa.

PINEAU, Ch. (1976). *Suez 1956.* Paris: Robert Laffont.

PINO GUTIÉRREZ, D. del (1983). *Líbano. Crónica de una guerra civil.* Barcelona: Argos Vergara.

PORTER, G. y KIRIAKOU, J. (2020). *The CIA insider's guide to the Iran crisis. From CIA Coup to the Brink of War.* New York: Simon & Schuster.

POURMOKHTARI, N. (2023*)*. *Iran's Grenn Movement. Everyday resistance, political contestation, and social mobilization.* London: Routledge.

PRASCHAD, V. (2012). *Arab Spring. Libyan.* Edinburgh: Winter. AK Press.

PRIETO, M. C. y ESPINOSA, J. (2017). *La semilla del odio. De la invasión de Iraq al surgimiento del ISIS.* Barcelona: Debate.

RABINOVICH, I. y VALENSI, C. (2021). *Syrian Requiem: The Civil War and Its Aftermat*h. Princeton: Princeton University Press.

RASHID, A. (2009). *Descenso al caos.* Barcelona: Península.

— (2022). *Los talibán. Islam, petróleo y fundamentalismos en el Asia Central.* Barcelona: Península.

RASHKES, M.; CLELAND, M. y RASHKES, A. (2021). *Days of Lead. Defying death during Israel's war of independence.* New York: Apollo Publishers.

RAZOUX, P. (2013). *La guerre Iran-Iraq. Première guerre du Golfe 1980-1988.* Paris: Librairie Académique Perrin.

REEVE, S. (2000). *One day in september. The full story of the 1972 Munich Olympic Massacre and the Israeli Revenge Operation «Wrath of God».* New York: Arcade.

REINARES, F. (2021). *11-M. La venganza de al-Qaeda.* Barcelona: Galaxia Gutenberg.

RIEDEL, B (2010). *The Search for al-Qaeda. Its Leadership, ideology, and future.* Washington: Brookings Institution Press.

RODINSON, M. (1968). *Israel and the Arabs.* Middlesex: Penguin Books.

RODRÍGUEZ, P. H. (2003). *Siria y la posguerra iraquí.* Madrid: RIE. Disponible en: https://www.realinstitutoelcano.org/analisis/siria-y-la-posguerra-iraqui/

ROGAN, E. (2018). *Los árabes. Del Imperio Otomano a la actualidad.* Barcelona: Crítica.

ROJAS MOSCOSO, A. (2021). *La Guerra del Golfo y el fin del mundo bipolar (1990-1991).* Santiago de Chile: Universidad Finis Terrae.

SACCHETTI, A. y MEZZALAMA, C. (2018). *Iran, 1979. La rivoluzione, la Repubblica islámica, la guerra con l'Iraq*. Formigine: Infinito Edizioni.

SAID ALY, A. M.; FAKHOURY, S. y SHIKAKI, K. (2013). *Israeli and Palestinian. Conflict and peacemaking in the Middle East*. London: Bloomsbury Academic.

SAID, E. W. (2015). *La cuestión Palestina*. Barcelona: Debate.

SÁNCHEZ DÍAZ, S. (2023). *Del diluvio a tsunami. Escenario y repercusiones de la última guerra entre Hamás e Israel*. Madrid: RIE. Disponible en: https://www.realinstitutoelcano.org/analisis/de-diluvio-a-tsunami-escenario-y-repercusiones-de-la-ultima-guerra-entre-hamas-e-israel/

SAND, S. (2013). *La invención de la tierra de Israel. De Tierra Santa a Madre Patria*. Madrid: Akal.

SANTANA, S. y COOPER, S. (2019-2024). *Lebanese Civil war*. Warwich: Helion & Company.

SCHIFF, Z. y YA'ARI, E. (1985). *Israel's Lebano war*. New York: Simon and Schuster.

SCHNEIDER, I. (2012). *Women in the Islamic world. From Earliest times to the Araba Spring*. Princeton: Markus Wiener Publishers.

SCHON, J. (2020). *Surviving the War in Syria: Survival Strategies in a Time of Conflict*. New York: Cambridge University Press.

SEGELL, G. (2015). *Israel, Gaza and Hamas 2014. Operation Protective Edge*. [S. l.]: Glen Segell.

SEGURA I MAS, A. y MONTERDE MATERO, O. (2018). *El interminable conflicto en Israel y Palestina*. Madrid: Síntesis.

SHAVIT, A. (2018). *Mi tierra prometida. El triunfo y la tragedia de Israel*. Barcelona: Debate.

SIMÓN, L. (2021). *¿Fin de ciclo? La caída de Afganistán en perspectiva estratégica*. Madrid: RIE. Disponible en: https://www.realinstitutoelcano.org/comentarios/fin-de-ciclo-la-caida-de-afganistan-en-perspectiva-estrategica/

SIMONETTI, D. E. (2011). *Women in the Islamic Republic of Iran. The paradox of less rights and more opportunities.* Madrid: CEU Ediciones.

SOUFAN, A. (2011). *The Black Banners. The inside story of 9/11 and de War Against al-Qaeda.* New York: W. W. Norton & Company.

STRZELECKA, E. K. (2017). *Mujeres en la Primavera Árabe. Construcción de una cultura política de resistencia feminista en el Yemen.* Madrid: CSIC.

TAHA, A. (2016). *The deception of the Arab Spring.* UK: AuthorHouse.

TAHERI, A. (1985). *The spirit of Allah Khomeini and the Islamic revolution.* London: Hutchinson.

TOCINO OLARTE, J. A. (2021). *Los campamentos de refugiados como objeto de estudio geográfico. Antecedentes, desarrollo y disfunciones en el ámbito de la crisis de los refugiados en la Unión Europea (2015-2016)* (tesis doctoral). Sevilla: Universidad de Sevilla.

TURNER, B. (2006). *Suez 1956.* London: Hodder & Stoughton.

VAN DAM, N. (2017). *Destroying a Nation: The Civil War in Syria.* New York: Bloomsbury Publishing.

VELASCO MUÑOZ, M.ª R. (2015). *Los palestinos en el Líbano. Evolución del colectivo y análisis del impacto sobre el país a partir de 1998* (tesis doctoral). Barcelona: UAB.

VILLASANJUAN SANPERE, R. (2021). *Las fronteras de Ulises. El viaje de los refugiados de Europa.* Barcelona: Debate.

WARRICK, J. (2015). *Black Flags. The Rise of ISIS.* London: Transworld Digital.

WATSON, R. P. y LANSFORD, T. (2016). *America's War on Terror.* London: Routledge.

WHIRLOCK, C. (2022). *The Afghanistan papers. A secret history of the war.* New York: Simon & Schuster.

WOLFFOSOHN, M. (2021). *Whose holy land? The roots of the Conflict Between Jews and Arabs.* Switzerland: Springer.

WRIGHT, L. (2011). *La torre elevada. Al-Qaeda y los orígenes del 11-S.* Barcelona: Debolsillo.

— (2017). *Los años del terror. De al-Qaeda al Estado Islámico.* Barcelona: Debate.

WRIGHT, R. (2000). *The last great revolution. Turmoil and transformation in Iran.* New York: Alfred A. Knopf.

YUSEF, I. (2017). *Israel y su estructura político-militar. La influencia de la institución militar en la toma de decisión política* (tesis doctoral). Madrid: UCM.

ZAMBON, F. A. (2015). *ISIS, Daesh, wahabiti, salafiti. Le radici misconosciute dello Stato Islámico.* [S.l.]: F. A. Zambon.

ZARAOUI, Z. y MUSALEM, D. (2020). *Irán-Iraq. Guerra, política y sociedad.* México: Editorial Nueva Imagen.

FUENTES DE INFORMACIÓN SOBRE EL CÓMIC

ABDELSALAM, S. (2019). «Negotiating/Constructing Identity in Deena Mohamed's Webcomic Qahera». *Cairo Studies in English. Journal of Research in Literature, Liguistics and Translation Studies*, vol. 2018 (1), pp. 101-122. DOI: 10.21608/cse.2019.33905.

BARBIERI, D. (1998). *Los lenguajes del cómic.* Barcelona: Paidós.

BARKER, M. (1989). *Comics. Ideology, power, and the critics.* Manchester: Manchester University Press.

BEATY, B. (2007). *Unpopular culture. Transforming the European cómic book of the 1990's.* Toronto: University of Toronto Press.

BOTSHON, L. y PLASTAS, M. (2009). «Homeland In/Security: A Discussion and Workshop on Teaching Marjane Satrapi's Persepolis». *Feminist Teacher*, 20 (1), pp. 1-14.

BRISTER, R. (2014). «Sounding the Occupation: Joe Sacco's Palestine and the Uses of Graphic Narrative for (Post) Colonial Critique». *Ariel: a review of international English literature*, vol 45 (1-2), pp. 103-129.

BRISTER, R. y WALZER, B. (2013). «Kairos and comics: reding human rights intecontextually in Joe Sacco's graphic narratives». *College literatura: A journal of cristal literary studies,* 40 (3); pp. 138-155.

BULI, J. (2012). «The travelling cartoonist. Representing the self and the world in Guy Delisle's graphic travel narratives». *Narodna umjetnost: Croatian Journal of Ethnology & Folklore Research,* vol. 49 (1); pp. 61-80.

CHANEY, M. A. (2011). «Terror of the mirror and the mise and abyme of graphic novel autobiography». *College Literature,* vol. 38 (3), pp. 21-44.

CHIU, M. (2008). «Sequencing and Contingent Individualism in the Graphic, Postcolonial Spaces of Satrapi's Persepolis and Okubo's Citizen 13660». English Language Notes, 4 (2), pp. 99-114.

CHUTE, H. (2008). «The Texture of Retracing in Marjane Satrapi's Persepolis». *WSQ,* 36 (1.2), pp. 92-110.

COHN, N. (2013). *The Visual Language of Cómics: Introduction to the Structure and Cognition of Sequential Images.* London: Bloomsbury.

COLLADO SÁNCHEZ, J. (2012). *Estudio del reflejo de la política de seguridad de George W. Bush en los cómics de Marvel* (TFM). Madrid: Universidad Rey Juan Carlos.

COSTELLO, M. (2011). «Spandex agonists: superhero cómics confront the *War on Terror*», in BRAGARD, V.; DONY, Ch. and ROSENBERG, W. (eds.), Portraying 9/11. *Essays on Representations in Comics, Literature, Film and Theatre.* Jefferson, London: McFarland Press, pp. 30-43.

CUÑARRO CONDE, L. D. y FINOL, J. E. (2011). «Semiótica del cómic *Civil War* como expresión simbólica de la realidad social e histórica de los Estados Unidos luego del 9/11». *Revista S,* vol. 5 (1), pp. 9-23.

DAVIS, R. G. (2005). «A graphic self. Comics as autobiography in Marjane Strapi's *Persepolis*». *Prose Studies*, vol. 27 (3), pp. 264-279.

DAYEZ, H. (2002). *La nouvelle bande dessinée*. Paris: Éditions Niffle.

DONG, L. (2016). «Drawing the Troubled Artist Abroad: Guy Delisle's Visual Travelogues». *East Asian Journal of Popular Culture*, vol. 2 (2), pp. 193-208.

DONOVAN, C. (2014). «Representations of health, embodiment, and experience in graphic memoir». *Configurations*, vol. 22 (2), pp, 237-253.

DRAZNER HOYT, K. (2019). «*Zahra's Paradise*: the virtual technics and political potential of subjective (dis)orientation». *Culture, Theory and Critique*, vol. 60 (2), pp. 154-168.

DUBBATI, B. (2017). «The woman in hijab as a freak: Super(muslim)woman in Deena Mohamed's Webcomic Qahera». *Journal of Graphic Novel and Comics*, vol. 8 (5), pp. 433-449.

DUNCAN, R. y SMITH, M. J. (2009). *The power of comics. History, form, and culture*. New York: The Continuum International Publishing Group.

ECO, U. (1984). *Apocalípticos e integrados*. Barcelona: Editorial Lumen.

— (2000). *Tratado de semiótica general*. Barcelona: Editorial Lumen.

EISNER, W. (1994). *El cómic y el arte secuencial*. Barcelona: Norma Editorial.

— (2003). *La narración gráfica*. Barcelona: Norma Editorial.

EL MAIZI, M. (2014). «Bande dessinée, autobiographie et guerre au Liban». *Nottingham Frech Studies*, vol. 53 (3), pp. 249-266.

ENDERMANDI, M. (2013). «Marvel Comics' Civil War: An Allegory of September 11 in an American Civil War Framework». *Traces. The UNC Chapel Hill Journal of History*, vol. 2, pp. 213-223.

FISCHER, N. (2013). «Graphic novels explore an (Un-)Holy Land», *Quest Issues in Contemporary Jewish History*, (6), pp. 201-235.

FLEMING, D. (2011). «The talk of town: 9/11, de lost image, and the Machiavellian moment». *Global Media Journal*, vol. 4 (2), pp. 63-77.

FRESNAULT-DERUELLE, P. (1972). *La bande dessinée, essai d'analyse sémiotique*. Paris: Hachette.

FREZZA, G. (2009). «Guerras y postguerras: la visión política del futuro en la ciencia ficción de los cómics, películas y series contemporáneas». *Formats. Revista de Comunicación Audiovisual*, vol. 5. Disponible en: https://www.upf.edu/materials/depeca/formats/art_dos1_esp.htm#art

FUENTE SOLER, M. de la (2011). «La memoria en viñetas: historia y tendencias del cómic autobiográfico». *Revista Signa*, (20), pp. 259-276.

GALLO TIRADO, M. Á. (1981). *Los cómics: un enfoque sociológico*. México: Quinto Sol.

GÁLVEZ, P. y FERNÁNDEZ, N. (2008). *Egoístas, egocéntricos y exhibicionistas: la autobiografía en el cómic. Una aproximación*. Colección Hermosos e Ilustrados, n. 3. Gijón: Semana Negra.

GARCÍA, S. (2010). *La novela gráfica*. Bilbao: Astiberri.

GOLDSTEIN, L. (2013). «Graphical Narrative/History. Defining the essential experience(s) of 9/11». En BABIC, A. A. (ed.), *Comics as History, Cómic as Literature. Role of the comic book in scholarship, society, and entertainment*. Maryland: Fairleigh, Dickinson University Press, pp. 123-129.

GROENSTEEN, T. (2007). *The system of comics*. Jackson: University of Mississippi Press.

GUBERN, R. (1974). *El lenguaje de los cómics*. Barcelona: Península.

HARVEY, R. C. (1996). *The art of the comic book. An aesthetic history*. Jackson: University Press of Mississipi.

HATFIELD, C. (2005). *Alternative comic. An emerging literature*. Jackson: University Press of Mississipi.

HERNÁNDEZ CANO, E. (2009). «Nuevo Orden Mundial. Narraciones sobre el poder y superhéroes en el cómic *mainstream* estadounidense de *Stormwatch* a *Black Summer* (1996-2008)». *Extravío. Revista electrónica de literatura comparada*, (4), pp. 104-121. Disponible en: https://ojs.uv.es/index.php/extravio/article/view/2261/1860

HOLLAND, E. C. (2012). «To Think and Imagine and See Differently: Popular Geopolitics, Graphic Narrative, and Joe Sacco's Chechen War, Chechen Women. *Geoplitics*, 17 (1), 105-129.

IVEY, CH. (2015). «Combating Epistemic Violence with Islamic Feminism: Qahera *vs*. FEMEN». *Women's Studies in Communication*, vol. 38 (4), pp. 384-387.

JIMÉNEZ VAREA, J. (2016). *Narrativa gráfica. Narratología de la historieta*. Madrid: Fragua.

JOHNSON, P. (2014). «A year in Jerusalem». *Jerusalem Quarterly*, (58), pp. 95-98.

JUNEAU, T. y SUCHAROV, M. (2011). «Narratives in pencil: using graphic novels to teach Israel-Palestinian relations». *International Studies Pespectives*, (11), pp. 172-183.

KAVALOSKI, J. (2016). «Perspectivity in Graphic Novel about war: Germany's Bundeswehr Operation in Afghanistan». En KUTCH , L. M. (ed.), *Novel Perspectives on German-Language Comics Studies: History, Pedagogy, Theory*. Lanham, MD; Lexington, pp. 191-211.

KENNEY-KARPAT, C. (2015). «Self-Adaptation and Transnationality in Marjane Satrapi's Poulet aux Prunes». *Adaptation. The Journal of Literature on Screen Studies*, 8 (1), pp. 68-88.

KISTLER, A. y SAN JUAN, B. (2016). «Codes of masculinity: the road to conflict», in LANGLEY, T. (ed.), *Captain America vs. Iron Man. Freedom, security, psychology*. New York: Sterling, pp. 77-89.

KRASKA, J. (2015): «The psychology of comic books: why we worship superheroes». *Art & popular culture*, [en línea] (1), 3 de agosto. Disponible en: http://www.lateralmag.com/articles/issue-1/i-need-a-hero-why-were-wired-to-worship-superheroes

LANDIS, W. (2019). «Ms. Marvel, Qahera, and superheroism in the Muslim diaspora». *Continuum. Journal of Media and Cultura Studies*, vol. 33 (2), pp. 185-200.

LANG, F. (2014). «Ghosts in The Archive-Lebanon's second-generation pos-war novelists and the limits of reconstruction». *Contemporary French and Francophone Studies*, vol. 18 (5), pp. 487-495.

LANGLEY, T. (2009). «Freedom *vs.* security. The basic human dilemma from 9/11 to Marvel's Civil War». *International Journal of Comic Art*, vol. 11 (1), pp. 426-435.

LAWSON, D. (2014). «The rhetorical work of remediation in The Photographer». *Studies in Comics*, vol. 5 (2), pp. 319-336.

LEJEUNE, P. (1994). *El pacto autobiográfico y otros estudios*. Madrid: Megazul.

LUND, M. (2016). «Persons of Mass Destruction: The *War on Terror* in Mark Millar's Ultimates Comic Books». *Americana. The Journal of American Popular Culture. 1900 to present*, vol. 15 (1). Disponible en: https://americanpopularculture.com/journal/articles/spring_2016/lund.htm

MAGI, L. (2009). «Joe Sacco periodista y dibujante». *El País*, 25 de octubre, p. 38.

MALALANA UREÑA, A. (2018). «La crisis de Oriente Medio a través del cómic periodístico (1984-2017). En GRACIA LANA, J. A. y ASIÓN SUÑER, A. (coords.), *Nuevas visiones sobre el cómic. Un enfoque interdisciplinar*. Zaragoza: Universidad de Zaragoza, pp. 237-24.

— (2021). «El cómic, vehículo de comunicación de los movimientos sociales». En VÁZQUEZ, T. y SARIAS, S. (eds.), *Movimientos sociales y comunicación en una era de cambio*. Valencia: Tirant, pp. 257-271.

MALEK, A. (2006). «Memoir as Iranian exile cultural production: A case study of Marjane Satrapi's Persepolis series». *Iranian Studies*, 39 (3), pp. 353-380.

MASARAH REVUELTA, E. (2016). «Lecturas feministas en el cómic autobiográfico contemporáneo». *Filanderas. Revista
Interdisciplinar de Estudios Feministas*, (1), pp. 77-88.

MATOS AGUDO, D. (2015). *El cómic como género periodístico:
de Art Spiegelman a Joe Sacco* (Tesis doctoral). Salamanca:
Universidad Pontificia.

MAZUR, D. y DANER, A. (2014). *Cómic. Una historia global, desde
1968 hasta hoy*. Barcelona: Blume.

MCCLOUD, S. (1995). *Cómo se hace un cómic. El arte invisible.*
Barcelona: Ediciones B.

— (2001). *La revolución de los cómics*. Barcelona: Norma.

— (2005). *Entender el cómic*. Bilbao: Astiberri.

MELERO DOMINGO, X. (2012). «*Footnotes in Gaza.* El cómic-
reportaje como género periodístico». *Estudios sobre el mensa-
je periodístico*, 18 (2), pp. 541-361.

— (2014). «El cómic como medio periodístico». *Eutopias. Revista
intercultural, comunicación y estudios europeos*, vol. 1-2, pp.
117-136.

MERCIER, J. P. (1999). «Autobiographie et bande dessinée».
Cahiers du RITM, (20), pp. 157-165.

MICHEL, C. Ch. (2016). «The art of persuasion and propaganda:
The Israeli-Palestinian Conflict in comic books and graphic
novels». En PAKER ROYAL, D., *Visualizing Jewish narrative. Jewish comics and graphic novels*. London: Bloomsbury
Academic, pp. 221-230.

MILLER, A. (2007). *Reading bande dessinée. Critical approaches
to french-language comic strip*. Chicago: University of Chicago
Press.

MILLER, N. K. (1994). «Representing others: gender and the sub-
jects of autobiography». *Differences: A Journal of Feminist
Cultural Studies*, vol. 6 (1), pp. 1-27.

— (2007). «Out of the Family: Generations of Women in Marjane
Satrapi's Persepolis». *Life Writing*, vol. 4 (1), pp. 13-29.

MIRÓ BARRACHINA, M.ª T. (2005). «La reconstrucción terapéutica de la trama narrativa». *Monografía de Psiquiatría, vol. 17* (3), pp. 8-17.

MURO MUNILLA, M. Á. (2004). *Análisis e interpretación del cómic. Ensayo de metodología semiótica.* Logroño: Universidad de la Rioja.

NAGHIBI, N. y O'MALLEY, A. (2005). «Estranging the Familiar: "East" and "West" in Satrapi's Persepolis». *English Studies in Canada*, vol. 31 (2-3), pp. 223-247.

OLIVEIRA FIGUEIREDO, D. de; y KRAUSS, R. (2011). «O fotógrafo: fotojornalismo, quadrinhos e relato memorial». *Discursos fotográficos*, vol. 7 (11), pp. 199-203.

OLIVEIRA LIMA, M. (2013). *O journalismo em cuadritos enquanto género: una análise a partir da obra de Joe Sacco.* Salvador: Facultade de Comunicaçao, Universidad Federal da Bahia.

PACKARD, S. (2011). «"Whose side are you on?". The allegorization of 9/11 in Marvel's Civil War». En BRAGARD, V., DONY, C. y ROSENBERG, W. (eds.), *Portraying 9/11. Essays on Representations in Comics, Literature, Film and Theatre.* Jefferson, London; McFarland Press, pp. 44-57.

PASTOR I SANZ, M. (2012). «La novela gráfica y el mundo musulmán». *Le Monde Diplomatique en Español*, (201), pp. 14-15.

PICADO, B. (2015). «Aspects of visual discursivity in graphic journalism: narrative enunciaton and visual witness in Le Photographe». *Brazilian Journalism Research*, vol. 1 (1), pp. 174-197.

RIFKIND, C. (2008). «Drawn from Memory: Comics Artists and Intergenerational Auto/biography». *Canadian Review of American Studies/Revue canadienne d'études Américaines, vol.* 38 (2), pp. 399-427.

SABIN, R. (2008). *Comics, commix & graphic novels. A history of comic art.* New York, Phaidon.

SACCO, J. (2015). «Algunas reflexiones sobre Palestina», en SACCO, J., *Palestina.* Barcelona: Planeta, pp. VIII-XXXI.

SAID, E. (2015). «Homenaje a Joe Sacco», en SACCO, J.: *Palestina*. Barcelona: Planeta Cómic, pp. V-VII.

SÁNCHEZ, O. (2010). «Algunos apuntes sobre un género: el cómic periodístico». *Pozo de letras*, vol. 9 (9), pp. 13-21.

SCANLON, M. (2012). «Comics, Journalism and war discurse». *Public Knowledge Journal*, [en línea] 3 (1). Disponible en: http:// pkjournal.org/?page_id=1443

SCOTT, K. M. (ed.) (2015). *Marvel Comics' Civil War and the Age of Terror Critical essays on the cómic saga*. Jefferson: McFarland.

SHAY, M. (2014). «Framing refugee time: perpetuated regresion in Joe Sacco's *Footnotes in Gaza*». *Journal of Photocolonial Writing*, 50 (2), pp. 202-215.

SOLA MORALES, S. y BARROSO PEÑA, G. (2014). «El cómic de no-ficción como fuente para el estudio de los conflictos bélicos: *Crónicas de Jerusalén*». *Historia y Comunicación Social*, vol. 19, pp. 231-248.

SOPER, K. (2013). «The Comics Go to War». *War, Literature & the Arts. An International Journal of the Humanities*, vol. 25.

TISSERON, S. (1987). *Psychanalyse de la bande dessinée*. Paris: PUF.

VAN KERCHEM, D. (2013). *Colliding memories: The Israeli-Palestinian conflict in the Graphic novela of Joe Sacco* (TFM). Faculty of Arts and Philosophy, Universiteit Gent.

VELOSO, F. y BETEMAN, J. (2013). «The multimodal construction of acceptability: Marvel's Civil War comic books and the PATRIOT Act». *Critical discourse studies*, vol. 10 (4), pp. 427-443.

WERTHAM, F. (1954). *Seduction of innocent. The influence of comic books on today's youth*. New York; Toronto: Rinehart.

WESSELMANN, E. D. y JORDAN, J. S. (2016). «Wild heroes: the hard work of being "Moral"». En T. Langley (ed.), *Captain America vs. Iron Man. Freedom, security, psychology*. New York: Sterling, pp. 111-123.

WILLIAMS, I. (2011). «Autography as Auto-Therapy: Psychic Pain and the Graphic Memoir». *Journal of Medical Humanities*, vol. 32 (4), pp. 353-366.

WILLIANS, C. (2005). «The Case for Comics Journalism. Artist-reporters leap tall conventions in a single bound». *Columbia Journalism Review*, vol. 43 (6), pp. 51-55.

PARTE II

	Guionista	Ilustrador	Título	Edición	Género	Temática	País de publicación / Editor
1	Hergé (Georges Remi)	Hergé (Georges Remi)	*Tintin au Pays de l'or noir*	1950	Ficción	Conflicto árabe-israelí	Bélgica Casterman
2	Tom Lammers	Paul Reinman	*An army is born. War comics, #16*	1953	Cómic bélico	Conflicto árabe-israelí	EE. UU. Atlas
3	Yaakov Kirschen	Yaakov Kirschen	*Israel's comic strip Dry Bones*	1976	Sátira política	Conflicto árabe-israelí	Israel Cherryfield
4	Yaakov Kirschen	Yaakov Kirschen	*Dry Bones year of peace, 1979*	1978	Sátira política	Conflicto árabe-israelí	Israel
5	F'murrr (Richard Peyzaret)	F'murrr	*Le Char de l'Etat dérape sur le sentier de la guerre*	1987	Sátira política	Guerra afgano-soviética	Francia Casterman
6	Al Wiesner	Al Wiesner	*Shaloman, vols. 1-4*	1988-2007	Superhéroes	Conflicto árabe-israelí	EE. UU. Mark one comics
7	Farid Boudjellal	Farid Boudjellal	*Juifs arabes*	1990-1996	Sátira política	Conflicto árabe-israelí	Francia Soleil Productions
8	G. B. Trudeau	G. B. Trudeau	*I'd go with the Helmet, Ray. A Doonesbury book*	1991	Universo *doonesbury*	Guerra del Golfo	EE. UU. Andrews McMeel
9	Joe Sacco	Joe Sacco	*Palestine, #1-9*	1993-1995	Cómic periodístico	Conflicto Israel-Palestina	EE. UU. Fantagraphics

	GUIONISTA	ILUSTRADOR	TÍTULO	EDICIÓN	GÉNERO	TEMÁTICA	PAÍS DE PUBLICACIÓN / EDITOR
10	Magdi Ashafai	Magdi Ashafai	Metro. A Story of Cairo	1994	Ficción	Egipto	EE. UU. Metropolitan Books
11	Yaakov Kirschen	Yaakov Kirschen	What a country! Dry bones look at Israel	1996	Sátira política	Conflicto árabe-israelí	EE. UU. JPSA
12	Naji al-Ali	Naji al-Ali	Palestina. Los ojos de Handala	2000	Sátira política	Conflicto Israel-Palestina	Argentina Sudestada
13	Marjane Satrapi	Marjane Satrapi	Persepolis, vols. 1-4	2000-2003	Memoria gráfica	Irán	Francia L'Association
14	J. Michael Straczynski	John Romita Jr.	The Amazing Spider Man, vol. 2, #36	2001	Superhéroes Universo Marvel	War on Terror 11-S	EE. UU. Marvel Comics
15	Joe Quesada (ed.)		Heroes	2001	Tributo	War on Terror 11-S	EE. UU. Marvel Comics
16	Bill Jemas et al.	Mark Bagley et al.	A moment of silence	2002	Tributo Universo Marvel	War on Terror 11-S	EE. UU. Marvel Comics
17	Harvey Pekar	James Kochalka Dean Haspiel	9-11. Emergency Relief	2002	Tributo	War on Terror 11-S	EE. UU. Alternative Comics
18	Will Eisner et al.		9-11. Artists respond - Volume one	2002	Tributo	War on Terror 11-S	EE. UU. DC Comics

	Guionista	Ilustrador	Título	Edición	Género	Temática	País de publicación / Editor
19	Eddie Berganza (ed.) et al.	Paul Gulacy et al.	9-11. September 11th 2001, vol. 2	2002	Tributo	War on Terror 11-S	EE. UU. DC Comics
20	Joseph M. Linsner	Joseph M. Linsner	I Love N.Y.	2002	Tributo Superhéroes	War on Terror 11-S	Canadá Linsner
21	John Ney Rieber	John Cassaday Dave Stewart	Captain America, vol. 4, #1-6.	2002	Superhéroes Universo Marvel	War on Terror Post 11-S	EE. UU. Marvel Comics
22	Mark Millar	Bryan Hitch	The Ultimates, vol. 1-2	2002-2007	Superhéroes Universo Marvel	War on Terror Post 11-S	EE. UU. Marvel Comics
23	Ted Rall	Ted Rall	To Afghanistan and back	2002	Cómic periodístico	War on Terror Guerra de Afganistán	EE. UU. NBM
24	Uri Fink	Uri Fink Gabriel Etizon	Fink!: Tales from the Ragin' Region	2002	Sátira política	Conflicto Israel-Palestina	EE. UU. Hippy Comix
25	Serge Saint-Michel	Kada Philippe Glogowski	Avec Massoud	2002	Memoria gráfica	War on Terror 11-S	Francia E. du Triomphe
26	G. B. Trudeau	G. B. Trudeau	A Doonesbury book: Peace out, Drawg! Tales from Ground Zero	2002	Universo doonesbury	War on Terror Post 11-S	EE. UU. Andrews McMeel
27	G. B. Trudeau	G. B. Trudeau	Got War?	2003	Universo doonesbury	War on Terror Post 11-S	EE. UU. Andrews McMeel

	Guionista	Ilustrador	Título	Edición	Género	Temática	País de publicación / Editor
28	Marjane Satrapi	Marjane Satrapi	*Broderies*	2003	Memoria gráfica	Irán	Francia L'Association
29	Henrik Rehr		*Mardi. 11 septembre*	2003	Memoria gráfica	*War on Terror* 11-S	Francia Vents d'Ouest
30	Attillio Micheluzzi	Attillio Micheluzzi	*Afghanistan*	2003	Cómic bélico	Guerra afgano-soviética	Francia Mosquite
31	Ryan Inzana	Ryan Inzana	*Johnny Jihad*	2003	Memoria gráfica	*War on Terror* Post 11-S	EE. UU. NBM
32	Ganesh in movimiento		*Palestina libera!*	2003	Sátira política	Conflicto Israel-Palestina	Italia Pari cómics
33	Didier Lefèvre Emmanuel Guibert	Didier Lefèvre Frédéric Lemercier Emmanuel Guibert	*Le Photographe*	2003-2006	Memoria gráfica Cómic periodístico	Guerra afgano-soviética	Francia; Bélgica Dupuis
34	Brian Michael Bendis	Gabriel dell'Otto	*Secret War, vol. 1, #1-5*	2004-2005	Sátira política Universo Marvel	*War on Terror* Post 11-S	EE. UU. Marvel Comics
35	Xavier Bétaucourt Amara Sellali	Dominque Hennebaut	*Bouclier humaine. Tome 1. Les chemins d'Amara*	2004	Memoria gráfica	*War on Terror* Guerra de Iraq	Francia Bamboo
36	Mark Alan Stamaty	Mark Alan Stamaty	*Alia's mission. Savin the books of Iraq*	2004	Ficción histórica	*War on Terror* Guerra de Iraq	EE. UU. Dragonfly Books

	Guionista	Ilustrador	Título	Edición	Género	Temática	País de publicación / Editor
37	Philippe Squarzoni	Philippe Squarzoni	*Torture blanche*	2004	Memoria gráfica	Conflicto Israel-Palestina	Francia Les Requins
38	Art Spiegelman	Art Spiegelman	*In the shadow of No Towers*	2004	Sátira política	*War on Terror* 11-S	EE. UU. Pantheon
39	Sylvan Ricard Bruno Ricard	Christophe Gaultier	*Clichés Beyrouth: 1990*	2004	Cómic de viajes	Guerra civil libanesa	Francia Les Humanoïdes
40	Marjane Satrapi	Marjane Satrapi	*Poulet aux prunes*	2004	Memoria gráfica	Irán	Francia L'Association
41	Émile Bravo	Émile Bravo	*Les frères Ben Qutuz à frustration land*	2005	Sátira política	Conflicto Israel-Palestina	Francia
42	Karl Zinsmeister	Dan Jurgens	*Combat Zone. True tales of GI's in Iraq*	2005	Cómic bélico Cómic periodístico	*War on Terror* Guerra de Iraq	EE. UU. Marvel Comics
43	Xavier Bétaucourt Amara Sellali	Dominque Hennebaut	*Bouclier humaine. Tome 2. Dommages collateraux*	2005	Memoria gráfica	*War on Terror* Guerra de Iraq	Francia Bamboo
44	G. B. Trudeau	G. B. Trudeau	*The long road home. One step at a time*	2005	Universo *doonesbury*	*War on Terror* Guerra de Iraq	EE. UU. Andrews McMeel
45	Steve Munford	Steve Munford	*Baghdad journal. An artist in occupied Iraq*	2005	Cómic de viajes	*War on Terror* Guerra de Iraq	EE. UU. Drawn & Quarterly

	GUIONISTA	ILUSTRADOR	TÍTULO	EDICIÓN	GÉNERO	TEMÁTICA	PAÍS DE PUBLICA-CIÓN / EDITOR
46	Mik Mackey	Donny Lin	*Liberality fol all, #1-4*	2005-2007	Ficción	Distopía	EE. UU. ACC Studios
47	Zeina Abirached	Zeina Abirached	*38, rue Youssef Semaani*	2006	Memoria gráfica	Guerra civil libanesa	Francia
48	Maryse Charles Jean-François Charles	Fréderic Bihel	*L'afghan. Massoud*	2006	Memoria gráfica	*War on Terror* 11-S	Bélgica Casterman
49	G. B. Trudeau	G. B. Trudeau	*The war within. One more step at a time*	2006	Universo *doonesbury*	*War on Terror* Guerra de Iraq	EE. UU. Andrews McMeel
50	G. B. Trudeau	G. B. Trudeau	*The war years. Peace Out, Dawg! and tog war?*	2006	Universo *doonesbury*	*War on Terror* Post 11-S	EE. UU. Gramercy
51	J. Michael Straczynski	Kark Jesek Tyler Kikham	*The Amazing Spider-Man, vol. 1, #529-531*	2006	Superhéroes Universo Marvel	*War on Terror* Post 11-S	EE. UU. Marvel Comics
52	J. Michael Straczynski	Mike McKone	*Fatastic Four, vol. 1, #536-537*	2006	Superhéroes Universo Marvel	*War on Terror* Post 11-S	EE. UU. Marvel Comics
53	Brian Michael Bendis	Alex Maleev	*New Avenger: Iluminati*	2006	Superhéroes Universo Marvel	*War on Terror* Post 11-S	EE. UU. Marvel Comics
54	Mark Miller	Steve McNiven	*Civil War, vol. 1, #1-7*	2006-2007	Superhéroes Universo Marvel	*War on Terror* Post 11-S	EE. UU. Marvel Comics

	Guionista	Ilustrador	Título	Edición	Género	Temática	País de publicación / Editor
55	Paul Jenkins	Ramon Bachs Steve Leiber	*Civil War. Front line,* #1-11	2006-2007	Superhéroes Universo Marvel	*War on Terror* Post 11-S	EE. UU. Marvel Comics
56	J. Michael Straczynski	Ron Garney	*The Amazing Spider-Man,* vol. 1, #532-538	2006-2007	Superhéroes Universo Marvel	*War on Terror* Post 11-S	EE. UU. Marvel Comics
57	Daniel y Charles Knauf	Patrick Zircher Scott Hanna	*Iron Man,* vol. 3, #13-14	2006-2007	Superhéroes Universo Marvel	*War on Terror* Post 11-S	EE. UU. Marvel Comics
58	Zeina Abirached	Zeina Abirached	*[Beyrouth] Catharsis*	[2006]	Memoria gráfica	Guerra civil libanesa	Francia Cambourakis
59	Brian K. Vaughan	Niko Henrichon	*Pride of Baghdad*	2006	Ficción	*War on Terror* Guerra de Iraq	EE. UU. Vertigo
60	David Axe	Steven Olexa	*War fix*	2006	Cómic periodístico	*War on Terror* Guerra de Iraq	EE. UU. NBM publishing
61	Parsua Bashi	Parsua Bashi	*Nylon Road*	2006	Memoria gráfica	Irán	Suiza
62	Sib Jacobson	Ernie Colón	*The 9/11 Report: A graphic adaptation*	2006	Cómic periodístico	*War on Terror* 11-S	EE. UU. Hill and Wang
63	Rutu Modan	Rutu Modan	*Metralla*	2006	Ficción	Conflicto Israel-Palestina	España Sinsentido
64	Al-Fateh		*Dangerous toys*	2006	Propaganda	Conflicto Israel-Palestina	Palestina Al-Fateh

	Guionista	Ilustrador	Título	Edición	Género	Temática	País de publicación / Editor
65	Brian Michael Bendis	Alex Maleev	*Civil War. The confesion*	2007	Superhéroes Universo Marvel	*War on Terror* Post 11-S	EE. UU. Marvel Comics
66	Ed. Brubaker	Steve Epting	*Captain America, vol. 5, #25*	2007	Superhéroes Universo Marvel	*War on Terror* Post 11-S	EE. UU. Marvel Comics
67	Zeina Abirached	Zeina Abirached	*Mourir partir revivir. C'est le jeu des hjyggdelles*	2007	Memoria gráfica	Guerra civil libanesa	Francia Cambourakis
68	Bo-Hyun Kim	Bo-Hyun Kim	*Naplouse*	2007	Ficción	Conflicto Israel-Palestina	Corea Herß
69	Rutu Modan	Rutu Modan	*Jamilti y otras historias de Israel*	2007	Ficción	Conflicto Israel-Palestina	España Sinsentido
70	Christophe de Ponfilly	René Follet	*L'étoile du soldat*	2007	Ficción histórica Cómic bélico	Guerra afgano-soviética	Bélgica Casterman
71	Nicolas Wild	Nicolas Wild	*Kabul Disco. 1. Comment je ne me suis pas fait kidnapper en Afghanistan*	2007	Memoria gráfica	*War on Terror* Guerra de Afganistán	Francia La Boîte à Bulles
72	Toufic El Rassi	Toufic El Rassi	*Arab in America*	2007	Memoria gráfica	Post 11-S	EE. UU. Last Gasp
73	David Morrell	Mitch Breitweiser	*Captain America. The chosen, #1-6*	2007-2008	Superhéroes Universo Marvel	*War on Terror* Guerra de Afganistán	EE. UU. Marvel Comics

	Guionista	Ilustrador	Título	Edición	Género	Temática	País de publicación / Editor
74	Maurice Rajfus	Jacques Demiguel Fauzio Chakour	*Moussa et David. Deux enfant d'un même pays*	2007		Conflicto Israel-Palestina	Francia Tartamudo
75	Kyle Baker	Kyle Baker	*Special Forces, #1-4*	2007	Sátira política Cómic bélico	*War on Terror* Guerra de Iraq	EE. UU. Image Comics
76	Anthony Lappé	Dan Goldman	*Shooting war*	2007	Ficción histórica	*War on Terror* Guerra de Iraq	EE. UU. Grand Central
77	Warren Ellis	Juan José Ryp	*Black Summer, #0-7*	2007-2008	Superhéroes	*War on Terror* Post 11-S	EE. UU. Avatar Press
78	Rick Veitch	Rick Veitch Gary Erskine	*Army@Love, #1-6*	2007-2008	Ficción	*War on Terror* Guerra de Afganistán	EE. UU. DC Comics
79	Joumana Medlej	Joumana Medlej	*Malaak*	2007-2015	Superhéroes	Líbano	Líbano https://malaakonline.com
80	Ignacio R. Minaverry	Ignacio R. Minaverry	*Aleph Alif*	2008	Ficción	Conflicto árabe-israelí	Francia E. Proust
81	Sib Jacobson	Ernie Colón	*After 9/11: America's war on terror (2001-)*	2008	Cómic periodístico	*War on Terror* Post 11-S	EE. UU. Hill and Wang
82	Nicolas Wild	Nicolas Wild	*Kabul Disco. 2. Comment je ne suis pas devenu opiomane en Afghanistan*	2008	Memoria gráfica	*War on Terror* Guerra de Afganistán	Francia La Boîte à Bulles

	Guionista	Ilustrador	Título	Edición	Género	Temática	País de publicación / Editor
83	Pepe Gálvez Antoni Guiral	Joan Mundet	*11-M. La novela gráfica*	2008	Ficción histórica	*War on Terror* 11-M	España Panini
84	Samir Harb	Samir Harb	*Obaïden?*	2008	Sátira política	Palestina	Palestina What Next #2
85	Samir Harb	Samir Harb	*Digging for gold*	2008	Sátira política	Conflicto Israel-Palestina	Palestina CoPYLefT
86	Samir Harb	Samir Harb	*Battir*	[2008]	Sátira política	Conflicto Israel-Palestina	Palestina CoPYLefT
87	Samir Harb	Samir Harb	*Signals from Gaza*	2008	Sátira política	Conflicto Israel-Palestina	Palestina CoPYLefT
88	Galit Seliktar	Gilad Seliktar	*Meshek 54 - Ferme 54*	2008	Memoria gráfica	Conflicto Israel-Palestina	Israel
89	Uri Fink	Uri Fink	*Israël-Palestine entre guerre et paix*	2008	Memoria gráfica	Conflicto Israel-Palestina	Francia Berg International
90	Ignacio R. Minaverry	Ignacio R. Minaverry	*Aleph Alif*	2008	Ficción	Conflicto árabe-israelí	Francia E. Proust
91	François Vataux Sasha	François Vataux Sasha	*Salt Pit*	2008	Ficción	*War on Terror* Guerra de Afganistán	Francia Les Enfants Rouges
92	Zeina Abirached	Zeina Abirached	*Je me souviens. Beyrouth*	2008	Memoria gráfica	Líbano	Francia Combourakis

	Guionista	Ilustrador	Título	Edición	Género	Temática	País de publicación / Editor
93	Alfonso Zapico	Alfonso Zapico	*Café Budapest*	2008	Ficción	Conflicto árabe-israelí	España Astiberri
94	Miriam Libicki	Miriam Libicki	*Jobnik! An america girls adventures in the israelí army, #1-10*	2008-2012	Memoria gráfica	Conflicto Israel-Palestina	Canadá Real Gone Girl
95	Brian Wood	Riccardo Burchielli Danijel Zezelj Nathan Fox	*DMZ, vol. 5. The Hidden War*	2008	Ficción Cómic bélico	Post 11-S	EE. UU. Vertigo
96	Roannie	Oko (Philippe Coussonneau)	*L'intruse. Tome 1 - La découverte*	2008	Cómic de viajes	Conflicto Israel-Palestina	Francia Vertige Graphic
97	Tom Waltz	Nathan St. John	*Finding Peace*	2008	Ficción Cómic bélico	Post 11-S	EE. UU. IDW Publishing
98	Mark Millar	Tony Harris	*War heroes, #1-6*	2008-2009	Ficción	*War on Terror* Guerra de Afganistán Guerra de Iraq	EE. UU. Image Comics
99	Rick Veitch	Rick Veitch Gary Erskine	*Army@Love. The art of war, #1-6*	2008-2009	Ficción	*War on Terror* Guerra de Afganistán	EE. UU. DC Comics
100	Roannie	Oko (Philippe Coussonneau)	*L'intruse. Tome 2 Les palestiniens, peuple invisible?*	2009	Cómic de viajes	Conflicto Israel-Palestina	Francia Vertige Graphic

	Guionista	Ilustrador	Título	Edición	Género	Temática	País de publicación / Editor
101	Maximilien Le Roy (coord.)	Collectif Gaza	Gaza, décembre 2008 - janvier 2009. Un pavé à la mer	2009	Trabajo colectivo	Conflicto Israel-Palestina	Francia La Boîte à Bulles
102	Samir Harb	Samir Harb	Silent night	[2009]	Sátira política	Conflicto Israel-Palestina	Palestina CoPYLefT
103	Hamed Eshrat	Hamed Eshrat	Tipping point. Téhéran 1979	2009	Memoria gráfica	Irán	Francia Sabarcane
104	Rebecca Cox (ed.)		The West Bank: a collection of graphic novels	2009	Memoria gráfica Ficción	Conflicto Israel-Palestina	Palestina Projet Hope
105	Oret Ashery Larissa Sansour	Oret Ashery Larissa Sansour	The novel of Nonel and Vovel	2009	Sátira política Superhéroes	Conflicto Israel-Palestina	Italia; EE. UU. Charta
106	Nick Bertozzi (ed.)		Iraq war stiries	2009	Ficción histórica Cómic bélico	War on Terror Guerra de Iraq	EE. UU. Act-i-vate
107	Ludovic Saez	Ludovic Saez	Bush & Ben. When world goes down	2009	Sátira política	War on Terror 11-S	Francia iGoMatiK Editions
108	Naji al-Ali	Naji al-Ali	A child in Palestine	2009	Sátira política	Conflicto Israel-Palestina	Reino Unido Verso
109	Nick Bertozzi (ed.)		Falluyah	[2009]	Ficción histórica Cómic bélico	War on Terror Guerra de Iraq	EE. UU. Act-i-vate
110	Air Folman	David Polonsky	Vals with Bashir. A Lebanon war story	2009	Memoria gráfica	Guerra del Líbano (2006)	EE. UU. Metropolitan

	GUIONISTA	ILUSTRADOR	TÍTULO	EDICIÓN	GÉNERO	TEMÁTICA	PAÍS DE PUBLICA-CIÓN / EDITOR
111	Frank Marraffino	Henry Flint	*Hauted Tank*, #1-5	2009	Ficción	*War on Terror* Guerra de Iraq	EE. UU. DC Comics
112	Jean-Claude Bartoll Eric Corbeyran	Jef	*9/11*, #1-6	2009-2013	Ficción histórica Thriller	*War on Terror* 11-S	Francia Glénat
113	Joe Sacco	Joe Sacco	*Footnotes in Gaza*	2009	Cómic periodístico	Conflicto Israel-Palestina	EE. UU. Metropolitan
114	Maximilian Uriarte	Maximilian Uriarte	*Terminal lance*	2010	Sátira política	*War on Terror* Guerra de Iraq	EE. UU. Terminal lance
115	Mohamed Sifaoui	Philippe Bercovici	*Ahmadinejad atomisé*	2010	Memoria gráfica Sátira política	Irán	Francia Glénat
116	Maximilien Le Roy	Soulman Maximilien Le Roy	*Les chemins de traverse*	2010	Memoria gráfica	Conflicto Israel-Palestina	Francia La Boîte a Bulles
117	Roannie	Oko (Philippe Coussonneau)	*L'intruse tome 3. Les israéliens*	2010	Cómic de viajes	Conflicto Israel-Palestina	Francia Vertige Graphic
118	David Axe	Matt Bors	*War is boring. Bored Stiff, Scared to Death in the World's Worst War Zones*	2010	Memoria gráfica Cómic periodístico	Guerra del Líbano (2006) *War on Terror*	EE. UU. N.A.L.
119	G. B. Trudeau	G. B. Trudeau	*Signature wound. Rocking TBI*	2010	Universo *doonesbury*	*War on Terror* Guerra de Iraq	EE. UU. Andrews McMeel

	Guionista	Ilustrador	Título	Edición	Género	Temática	País de publicación / Editor
120	Heidi Kraft Russ Peeler Jerry Larson	Shari Lambert	*The docs*	2010	Ficción Propaganda	*War on Terror* Guerra de Iraq	EE. UU. NHSC
121	Amir Soltari	Khalin	*Zahra's Paradise*	2010	Ficción	Irán	EE. UU. First Second
122	Sarah Glidden	Sarah Glidden	*How to Understand Israel in 60 Days or Less*	2010	Cómic de viajes	Conflicto Israel-Palestina	EE. UU. Vertigo
123	Maximilien Le Roy	Maximilien Le Roy	*Faire le Mur*	2010	Memoria gráfica	Conflicto Israel-Palestina	Francia Casterman
124	Lamia Ziadé	Lamia Ziadé	*Bye Bye Babylon: Beirut 1975-1979*	2010	Memoria gráfica	Guerra del Líbano	Francia Interlink Pub
125	Rodge Glass	Dave Turbitt	*Dougie's war*	2010	Ficción	*War on Terror* Guerra de Afganistán	Reino Unido Freigth Books
126	Matt Bors	Matt Bors	*Afghan life*	2010-2011	Cómic de viajes	*War on Terror* Guerra de Afganistán	EE. UU. Cartoon Movement
127	Anaële Hermans	Delphine Hermans	*Les amandes vertes. Lettres de Palestine*	2011	Cómic de viajes	Conflicto Israel-Palestina	Francia Warum
128	Mohamed Sifaoui	Philippe Bercovici	*Ben Laden Dévoilé*	2011	Memoria gráfica Sátira política	*War on Terror*	Francia Glénat
129	Hamid-Reza Vassaf	Hamid-Reza Vassaf	*Au pays des mollahs*	2011	Memoria gráfica	Irán	Francia Même Pas Mal

	Guionista	Ilustrador	Título	Edición	Género	Temática	País de publicación / Editor
130	G. B. Trudeau	G. B. Trudeau	*Red Rascal's war*	2011	Universo *doonesbury*	*War on Terror* Post 11-S	EE. UU. Andrews McMeel
131	Arlen Schumer	Arlen Schumer	*Captain Israel, #1*	2011	Superhéroes	Conflicto Israel-Palestina	EE. UU. Stand With Us
132	Pedro Riera	Nacho Casanova	*La voiture d'Intisar*	2011	Memoria gráfica	Yemen Mujer e Islam	Francia Delcourt
133	Guy Delisle	Guy Delisle	*Chroniques de Jérusalem*	2011	Cómic de viajes	Conflicto Israel-Palestina	Francia Delcourt
134	Yann	André Juillard	*Mezek*	2011	Cómic bélico	Conflicto árabe-israelí	Bélgica Le Lombard
135	Audrey Quinn	Jackie Roche	*Syria's climate conflict*	2011	Cómic periodístico	Primavera Árabe Siria	EE. UU. Living dangerously
136	Pascal Delennoy J-Ch Ogier (eds.)		*12 septembre. L'Amérique d'après*	2011	Trabajo colectivo	*War on Terror* Post 11-S	Francia; Bélgica Casteman
137	Patrick Chappatte	Patrick Chappatte	*BD reporter. Du Printemps arabe aux coulisses de l'Elysée*	2011	Cómic periodístico	Conflicto Israel-Palestina	Francia Glénat
138	David Axe	Ryan Alexander-Tanner	*BOOM!*	2011	Cómic periodístico	*War on Terror* Guerra de Afganistán	EE. UU. Cartoon Movement

	Guionista	Ilustrador	Título	Edición	Género	Temática	País de publicación / Editor
139	Dan Archer	Dan Archer	*The Nisoor Square Shootings*	2011	Cómic periodístico	*War on Terror* Guerra de Iraq	Reino Unido Cartoon Movement
140	Josh Neufeld	Josh Neufeld	*Bahrain: Lines in ink, lines in the sand*	2011	Cómic periodístico	Primavera Árabe Baréin	EE. UU. Cartoon Movement
141	Frank Miller	Frank Miller	*Holy terror*	2011	Ficción	*War on Terror* Post 11-S	EE. UU. Legendary Cómic
142	Giuseppe Galeani	Paola Cannatella	*Maria Grazia Cutuli. Dove la terra brucia*	2011	Memoria gráfica Cómic periodístico	*War on Terror* Guerra de Afganistán	Italia Rizzoli Lizard
143	JacPé	JacPé	*Burkamania*	2011	Sátira política	Mujer e Islam	España Norma
144	Khaled Hosseini	Fabio Celoni Mirka Andolfo	*The Kite Runner*	2011	Ficción	Afganistán	EE. UU. Riverhead Books
145	Jason Aaron	Carlos Pacheco Cam Smithe Frank D'Armata	*X-Men. Schism*, vol. 1, #1	2011	Superhéroes Universo Marvel	Irán	EE. UU. Marvel Comics
146	Joe Sacco	Joe Sacco	*Journalism*	2012	Cómic periodístico	Conflicto Israel-Palestina	EE. UU. Macmillan

	Guionista	Ilustrador	Título	Edición	Género	Temática	País de publicación / Editor
147	Loïc Dauvillier Yasmina Khadra	Glen Chapron	*L'attentat*	2012	Ficción	Conflicto Israel-Palestina	Francia Glénat
148	Joshua H. Stulman	Cindy Saavedra	*Iraeli Defense Cómic. Magen the shield of Israel*	2012-	Superhéroes	Conflicto Israel-Palestina	EE. UU. Joshua H. Stulman
149	Harvey Pekar J. T. Waldman	J. T. Waldman	*Not the Israel my parents promised me*	2012	Memoria gráfica	Conflicto árabe-israelí	EE. UU. Simon & Schuster
150	Mana Neyestani	Mana Neyestani	*Une métamorphose iranienne*	2012	Memoria gráfica Sátira política	Irán	Francia Ça et là
151	Nicolas Wild	Nicolas Wild	*Ainsi se tut Zarathoustra*	2012	Ficción histórica	Irán	Francia La Boîte a Bulles
152	Brandon Jerwa Eric Trautmann	Steve Lieber	*Shooters*	2012	Cómic bélico	*War on Terror* Guerra de Iraq	EE. UU. Vertigo comics
153	Sasha	Christophe Girard	*Ismahane*, vols. 1-2	2012	Ficción	Guerra del Líbano	Francia Les Enfants Rouges
154	Ahmad al-Hajhamad		*The West Bank graphic novels 2: a collection of graphic novels*	2012	Memoria gráfica Ficción	Conflicto Israel-Palestina	Palestine Projet HOPE

	Guionista	Ilustrador	Título	Edición	Género	Temática	País de publicación / Editor
155	Joseph Safieddine	Xavier Jimenez	*Les lumières du Tyr*	2012	Ficción	Conflicto árabe-israelí Guerra del Líbano	Francia Steinkims
156	Roannie	Oko (Philippe Coussonneau)	*L'intruse. Tome 4. Gaza carnet de non-voyage*	2012	Cómic de viajes	Conflicto Israel-Palestina	Francia Vertige Graphic
157	Ame Jysch	Ame Jysch	*Wave and Smile*	2012	Cómic bélico	*War on Terror* Guerra de Afganistán	Alemania Carlsen
158	David Schraven	Vicent Bumeister	*Kriegszeiten. Eine grafische Reportage über Soldaten, Politiker und Opfer in Afghanistan*	2012	Cómic periodístico	*War on Terror* Guerra de Afganistán	Alemania Carlsen Verlag
159	Luca Enoch	Claudio Stassi	*La Banda Stern*	2012	Cómic documental	Israel	Italia Rizzoli Lizard
160	Asaf Hanuka	Asaf Hanuka	*KO à Tel Avid*	2012	Memoria gráfica	Israel	Francia Steinkis
161	Carlos Latuff	Carlos Latuff	*#Siria*	2012	Sátira política	Siria	Giuda Eizioni
162	Hervé Richez Stephen Desberg	Chetville	*Sienna*, vols. 3-4	2012 2014	Ficción	*War on Terror*	Francia Bamboo Éditions
163	Enrique V. Vegas	Enrique V. Vegas	*Diarios de guerra*	2013	Cómic bélico	*War on Terror* Guerra de Afganistán	España Panini

	GUIONISTA	ILUSTRADOR	TÍTULO	EDICIÓN	GÉNERO	TEMÁTICA	PAÍS DE PUBLICACIÓN / EDITOR
164	Israel Defense Forces		*Hamas. Terror and tyranny in Gaza*	2013	Propaganda	Conflicto Israel-Palestina	Israel IDF
165	Maximilien Le Roy	Emmanuel Prost	*Palestine, dans quel état?, [Carnet de route] en Cisjordanie occupée*	2013	Cómic de viajes	Conflicto Israel-Palestina	Francia La boîte à bulles
166	Véronique Massenot	Bruno Pilorget Marc Abel	*Salaam Palestine, [Carnet de voyage] en Terre d'Humanité*	2013	Cómic de viajes	Conflicto Israel-Palestina	Francia La boîte à bulles
167	Naji al-Ali	Naji al-Ali	*Filastin. L'arte di resistenza del vingettista palestinese Naji al-Ali*	2013	Sátira política	Conflicto Israel-Palestina	Italia Eris
168	Samir Harb	Samir Harb	*The Red Castle*	[2013]	Sátira política	Conflicto Israel-Palestina	Palestina DAAR #4
169	Olivier Morel	Maël	*Ravenants*	2013	Ficción Cómic periodístico	*War on Terror* Post 11-S	Francia Futuropolis
170	Boaz Yakin	Nick Bertozzi	*Jerusalem: A family portrait*	2013	Ficción histórica	Conflicto árabe-israelí	EE. UU. First Second
171	Darren Cullen	Darren Cullen	*Join the Army. Like prison but with more fighting*	2013	Sátira política	*War on Terror* Guerra de Iraq	Reino Unido
172	Mana Neyestani	Mana Neyestani	*Tout va bien!*	2013	Sátira política	Oriente Medio	Francia Ça et là
173	Lutfiya Dulemi Sara Rojo	Javier Carbajo	*Casa Bábili*	2013	Ficción histórica	*War on Terror* Guerra de Iraq	España Norma

131

	GUIONISTA	ILUSTRADOR	TÍTULO	EDICIÓN	GÉNERO	TEMÁTICA	PAÍS DE PUBLICA-CIÓN / EDITOR
174	Deena Mohamed	Deena Mohamed	Qahera	2013-2019	Superhéroes	Egipto Mujer e Islam	Egipto https://qahera-thesuperhero.com
175	Gilad Seliktar	Gilad Seliktar	TSAV 8	2014	Memoria gráfica	Conflicto Israel-Palestina	Francia
176	Pascale Bourgaux Vincente Zabus	Thomas Campi	Les larmes du seigneur Afghan	2014	Sátira política	War on Terror Guerra de Afganistán	Bélgica Dupuis
177	Ugo Bertotti Agnès Montanari	Ugo Bertotti	Le monde d'Aïsha. Luttes et espoires des femmes au Yémen	2014	Memoria gráfica	Yemen Mujer e Islam	Francia Futuropolis
178	G. B. Trudeau	G. B. Trudeau	Mel's story. Surviving military sexual assault	2014	Universo doonesbury	War on Terror Post 11-S	EE. UU. Andrews McMeel
179	Riad Sattouf	Riad Sattouf	L'Arabe du futur. Un jeunesse au Moyen Orient (1978-1984)	2014	Memoria gráfica	Siria	Francia Allary
180	Asaf Hanuka	Asaf Hanuka	KO à Tel Avid. Tome 2	2014	Memoria gráfica	Israel	Francia Steinkis
181	Jean-Pierre Filiu	David B.	Les meilleur enemis. Une historie des relations entre États-Unis et le Moyen-Orient	2011-2006	Sátira política	Oriente Medio	Francia Futuropolis

	Guionista	Ilustrador	Título	Edición	Género	Temática	País de publicación / Editor
182	G. Willow Wilson	Sara Pichelli	*Ms. Marvel, vol. 1*	2014-	Superhéroes Universo Marvel	Post 11-S	EE. UU. Marvel
183	James A. Bretney	Sarené Lucyk	*Blaze of glory, #1-3*	2014-2015	Memoria gráfica Cómic bélico	Guerra del Golfo *War on Terror* Guerra de Iraq	EE. UU. Lucha Comics
184	Garth Enrnis	Tomas Aira	*War stories, #4-6 Children of Israel, part 1-3*	2014-2015	Cómic bélico	Conflicto árabe-israelí	EE. UU. Avatar Press
185	Lénaïc Vilain	Lénaïc Vilain	*Bons baiser d'Iran*	2015	Cómic de viajes	Irán	Francia Casteman
186	Riad Sattouf	Riad Sattouf	*L'Arabe du futur, 2. Une jeunesse au Moyen-Orient (1984-1985)*	2015	Memoria gráfica	Siria	Francia Allary
187	Koldo Sebastián	Koldo Sebastián	*En la pared opuesta*	2015	Cómic bélico	Guerra civil siria	España *Fanzine ¡Hey!,*
188	Tom King	Mitch Gerads John Paul Leon	*The sheriff of Babylon, #1*	2015-	Ficción Cómic bélico	*War on Terror* Guerra de Iraq	EE. UU. Vertigo
189	James A. Bretney	Maria Nikolaieva	*Call me robby!, #1*	2015	Memoria gráfica	*War on Terror* Guerra de Iraq	EE. UU. Tapastic
190	Stephe Desberg	Thomas Legrain	*Bagdad Inc.*	2015	Cómic bélico	*War on Terror* Guerra de Iraq	Francia Le Lombard

	Guionista	Ilustrador	Título	Edición	Género	Temática	País de publicación / Editor
191	Bernardo Vergara	Bernardo Vergara	Palestina. Un vistazo al pasado, una mirada al presente	2015	Sátira política	Conflicto Israel-Palestina	España Principado de Asturias
192	Zeina Abirached	Zeina Abirached	Le piano oriental	2015	Memoria gráfica	Líbano	Francia Casterman
193	Jean-Pierre Filiu	Cyrille Pomès	La Dame de Damas. Daraya, quartier de la banlieue sud-ouest de Damas, Syrie	2015	Ficción	Primavera Árabe Siria Guerra civil siria	Francia Futuropolis
194	Attillio Micheluzzi	Attillio Micheluzzi	Khyber	2015	Ficción	Afganistán	Francia Mosquito
195	Joseph Safieddine	Kyuneun Park	Yallah Bye	2015	Memoria gráfica	Líbano (2006) Conflicto árabe-israelí	Francia Le Lombard
196	Thomas Azuélos	Laure Marchand Guillaume Perrier	Le fantôme arménien	2015	Memoria gráfica	Armenia	Francia Futuropolies
197	Jack Baxter Joshua Fraudem	Koren Shadmi	Mike's Place. A true story of love, blues, and terror in Tel Aviv	2015	Memoria gráfica Cómic periodístico	Conflicto Israel-Palestina	EE. UU. MacMillan
198	Mana Neyestani	Mana Neyestani	Petit manuel du parfait réguflé politique	2015	Memoria gráfica Sátira política	Irán Crisis de los refugiados	Francia Ça et là

	Guionista	Ilustrador	Título	Edición	Género	Temática	País de publicación / Editor
199	Lamia Ziadé	Lamia Ziadé	*Ô nuit, ô mes yeux. Le Caire. Beyrouth. Damas. Jérusalem*	2015	Ficción. Memoria gráfica	Oriente Medio	Francia Pol
200	Joann Sfar	Joann Sfar	*Carnets de Joann Sfar - Si Dieu existe*	2015	Memoria gráfica Sátira política	*War on Terror*	Francia Delcourt
201	Leila Abdelrazaq	Leila Abdelrazaq	*Baddawi*	2015	Memoria gráfica	Guerra civil libanesa Conflicto Israel-Palestina	EE. UU. Just World Books
202	Lena Merhej	Lena Merhej	*Leban et confiture. Ou comment ma mère est devenue libanaise*	2015	Memoria gráfica	Guerra civil libanesa	Francia Alifbata
203	Joel Andras	Joel Andras	*Addicted to War: Why the U. S. Can't Kick Militarism*	2015	Sátira política	*War on Terror*	EE. UU.; Reino Unido AK Press
204	Lina Ghaibeh	Lina Ghaibeh	*An Education in Fear*	2015		Siria Mujer e Islam	EE. UU. The Hib https://thenib.com/education-in-fear-growing-up-in-the-assad-regime-syria/

	Guionista	Ilustrador	Título	Edición	Género	Temática	País de publicación / Editor
205	Jonathan Dumont Joshua Dysart	Alberto Ponticelli Pat Masioni	*Living Level 3: Iraq*	2016	Ficción histórica	*War on Terror* Crisis de los refugiados	EE. UU. The Huffigton Post
206	M-Françoise Colombani	Damien Roudeau	*Bienvenue à Calais. Les raison de la colère*	2016	Memoria gráfica	Crisis de los refugiados	Francia Actes sud
207	Jean-Pierre Filiu	Cyrille Pomes	*Le printemps des arabes*	2016	Cómic periodístico	Primavera Árabe	Francia Futuropolis
208	Jane Deuxard	Deloupy	*Love story à l'iranienne*	2016	Memoria gráfica Cómic periodístico	Irán Mujer e Islam	Francia Delcourt
209	Ferec	Bast	*Doigts d'honneur: Révolution en Égypte et droits des femmes*	2016	Memoria gráfica Cómic periodístico	Primavera Árabe Egipto Mujer e Islam	Francia Le Boîte a Bulles
210	Hamid Sulaiman	Hamid Sulaiman	*Freedom Hospital*	2016	Ficción	Guerra civil siria Dáesh	Francia Çà et là
211	Maximilian Uriarte	Maximilian Uriarte	*The White donkey. Terminal lance*	2016	Memoria gráfica	*War on Terror* Guerra de Iraq	EE. UU. Little Brown
212	Brigitte Findakly Lewis Trondheim	Lewis Trondheim Brigitte Findakly	*Conquelicots d'Iraq*	2016	Memoria gráfica	Iraq Guerra de Iraq	Francia L'Association

	Guionista	Ilustrador	Título	Edición	Género	Temática	País de publica-ción / Editor
213	Nicolas Hénin	Kyung´eun Park	*Haytham, une jeunesse syrienne*	2016	Memoria gráfica	Primavera Árabe Siria Crisis de los refugiados	Francia Dargaud
214	Zerocalcare	Zerocalcare	*Kobane Calling*	2016	Cómic de viajes	Guerra civil siria	Italia Bao
215	Riad Sattouf	Riad Sattouf	*L'Arabe du futur, 3. Une jeunesse au Moyen-Orient (1985-1987)*	2016	Memoria gráfica	Siria	Francia Allary
216	Sarah Glidden	Sarah Glidden	*Rolling Blackouts. Dispatches from Turkey, Syria, and Iraq*	2016	Cómic periodístico	Guerra de Iraq Crisis de los refugiados	Canadá Drawn & Quaterly
217	Xaxa Oneill Rym Momtaz	Dalibor Talajić Miroslav Mrva	*Madaya Mom*	2016	Memoria gráfica	Guerra civil siria	EE. UU. ABC News; Marvel
218	Jean-David Morvan	Steve McCurry Jung Gi Kim	*Magnum Photos, n° 3. McCurry, NY 11 septembre 2011*	2016	Memoria gráfica Cómic periodístico	*War on Terror* 11-S	Francia; Bélgica Dupuis
219	Carlos Spottorno Guillermo Abril	Carlos Spottorno	*La grieta*	2016	Cómic periodístico	Crisis de los refugiados	España Astiberri

	Guionista	Ilustrador	Título	Edición	Género	Temática	País de publicación / Editor
220	Morten Dürr	Lars Horneman	*Zenobia*	2016	Ficción	Guerra civil siria Crisis de los refugiados	Dinamarca Cobolt
221	Sawsan Nourallah	Rania Issa	*Det flygande tältet: drömmar från ett flyktingläger*	2016	Ficción	Crisis de los refugiados	Suiza Bonnier Carlsen
222	Yorgos Konstantinou	Manu Ripoll 3 ESO IES Marian Company	*Las afueras*	2016	Ficción	Islamofobia	España Fundación Alfanar
223	Asaf Hanuka	Asaf Hanuka	*KO à Tel Avid. Tome 3*	2016	Memoria gráfica	Israel	Francia Steinkis
224	José Pablo García	José Pablo García	*Vidas ocupadas. Un viaje palestino de Nablus a Gaza*	2017	Cómic de viajes Cómic periodístico	Conflicto Israel-Palestina	España AECI; Dib-buks
225	Tessa Julià	Anna Gordillo	*Refugiada. La odisea de una familia*	2017	Ficción	Crisis de los refugiados	España La Galera
226	Olivier Kugler	Olivier Kugler	*Dem Krieg entronnen: begegnungen mit Syrern auf der Flucht*	2017	Cómic periodístico	Guerra civil siria Crisis de los refugiados	Suecia Edition Moderne

	Guionista	Ilustrador	Título	Edición	Género	Temática	País de publicación / Editor
227	Amanda Figueras Aránzazu Cruz Camino Priego Mª Carmen Peñaranda Mª Luisa Ocaña	Victor Valles Ferrán Morales	Historia de Zainab	2017	Cómic periodístico	Guerra civil siria Crisis de los refugiados	España http://historia-dezainab.org
228	Pratap Chatterjee	Khalil Bendib	Verax: The True History of Whistleblowers, Drone Warfare, and Mass Surveillance	2017	Cómic periodístico	War on Terror	EE. UU. Metropolitan Books
229	Samya Kullab	Jackie Roche	Escape from Syria	2017	Ficción	Guerra civil siria Crisis de los refugiados	Canadá Firefly Books
230	Brics	Brics	East of Aleppo: Bread, Bombs and Video Clips	2017	Memoria gráfica	Guerra civil siria	Reino Unido Five Leaves Graphics
231	Mohammad Sabaaneh	Mohammad Sabaaneh	White and Black. Political Cartoon from Palestine	2017	Sátira política	Conflicto Israel-Palestina	EE. UU. Just World Books
232	Susanna Martín	Susanna Martín	Gaza Amal. Historietas de mujeres valientes en la Franja de Gaza	2017	Memoria gráfica	Palestina Mujer e Islam	España UNRWA Euskadi

	Guionista	Ilustrador	Título	Edición	Género	Temática	País de publicación / Editor
233	Mana Neyestani	Mana Neyestani	*L'araignée de Mashhad*	2017	Memoria gráfica	Irán	Francia Ça et Là
234	Kate Evans	Kate Evans	*Threads. From the refugee crisis*	2017	Cómic periodístico	Crisis de los refugiados	EE. UU. Verso Books
235	Sib Jacobson	Ernie Colón	*The Torture Report. A graphic adaptation*	2017	Cómic periodístico	*War on Terror*	EE. UU. Bold Type Books
236	Mathias Enard	Zeina Abirached	*Prendre refuge*	2018	Ficción	Afganistán	Francia Casterman
237	Philippe Squarzoni	Philippe Squarzoni	*Torture blanche*	2018		Conflicto Israel-Palestina	Francia Delcourt
238	Nicolas Wild	Nicolas Wild	*Kaboul requiem. Un thé avec les Talibans*	2018	Memoria gráfica	*War on Terror* Guerra de Afganistán	Francia La Boîte à Bulles
239	Fabien Toulmé	Fabien Toulmé	*L'Odyssée d'Hakim. 1. De la Syrie à la Turquie*	2018	Memoria gráfica	Guerra civil siria Crisis de los refugiados	Francia Delcourt
240	Riad Sattouf	Riad Sattouf	*L'Arabe du futur, 4. Une jeunesse au Moyen-Orient (1987-1992)*	2018	Memoria gráfica	Siria	Francia Allary
241	Pedro Riera	Sagar	*Intisar en exil*	2018	Ficción	Yemen Crisis de los refugiados Mujer e Islam	Francia Delcourt

	Guionista	Ilustrador	Título	Edición	Género	Temática	País de publicación / Editor
242	Manwan Hisham Molly Crabapple	Molly Crabapple	*Brothers of the Gun. A memoir of the Syrian War*	2018	Memoria gráfica	Guerra civil siria	EE. UU. On World
243	Jérôme Tubiano	Alexandre Franc	*Guantanamo kid. L'histoire vraie de Mohammed el-Gorani*	2018	Memoria gráfica Cómic periodístico	*War on Terror*	Francia Dargaud
244	Eduard Altarriba	Eduard Altarriba	*Qué es la guerra*	2018	Ensayo	*War on Terror*	España Bang Ediciones
245	Don Brown	Don Brown	*The unwanted. Stories of the Syrian Refugees*	2018	Memoria gráfica	Guerra civil siria Crisis de los refugiados	EE. UU. Houghton Mifflin Harcourt
246	Cristina Bueno	Cristina Bueno	*Cuando cierro los ojos, recuerdo*	2018	Memoria gráfica	Guerra civil siria Crisis de los refugiados	España Norma; Cruz Roja
247	Chris Hayes	Mike Dawson	*The Good War*	2018	Cómic periodístico	*War on Terror*	EE. UU. The Nib https://thenib.com/the-good-war/
248	Bernard Boulad	Paul Bona Gaël Henry	*La guerre des autres. Vol. 1. Rumeurs sur Beyrouth*	2018	Memoria gráfica	Guerra civil libanesa	Francia La Boîte à Bulles

	Guionista	Ilustrador	Título	Edición	Género	Temática	País de publicación / Editor
249	Céline de Gemmis	François Bégnez	*Moh. Palestinien mías Presque*	2019	Memoria gráfica	Conflicto Israel-Palestina	Francia La Boîte à Bulles
250	Fabien Toulmé	Fabien Toulmé	*L'Odyssée d'Hakim. 2. De la Turquie à la Grèce*	2019	Memoria gráfica	Guerra civil siria Crisis de los refugiados	Francia Delcourt
251	Jess Ruliffson	Jess Ruliffson	*Invisible wounds. Finding peace after war*	2019	Cómic periodístico	*War on Terror* Guerra de Afganistán Guerra de Iraq	EE. UU. Fantagraphics Books
252	Bernard Boulad	Paul Bona Gaël Henry	*La guerre des autres. Vol. 2. Couvre-feu sur Beyrouth*	2019	Memoria gráfica	Guerra civil libanesa	Francia La Boîte à Bulles
253	Chuck Dixon	Rick Magyar Peter Pantazis	*Medal of Honor; Vol. 1, #4. Sal Giunta*	2019	Memoria gráfica	*War on Terror* Guerra de Afganistán	EE. UU. AUSA
254	Doan Bui	Leslie Plée	*C'est quoi, un terroriste? Le Procès Merah et nous*	2019	Memoria gráfica Cómic periodístico	Marzo 2012 Toulouse *War on Terror*	Francia Delcourt
255	Carlos Latuff	Carlos Latuff	*Drawing Attention to the Israeli-Palestinian Conflict: Political Cartoons*	2019	Sátira política	Conflicto Israel-Palestina	Reino Unido Hungry Eye Books

	Guionista	Ilustrador	Título	Edición	Género	Temática	País de Publicación / Editor
256	Quentin Müller Brice Andlauer	Pierre Thyss	*Traducteurs afghan. Une trahison française*	2020	Memoria gráfica Cómic periodístico	*War on Terror* Guerra de Afganistán	Francia La Boîte à Bulles
257	Jake Halpern	Michael Sloan	*Welcome to the new world*	2020	Memoria gráfica Cómic periodístico	Crisis de los refugiados	EE. UU. Metropolitan Book
258	Fabien Toulmé	Fabien Toulmé	*L'Odyssée d'Hakim. 3. De la Macédoine à la Francia*	2020	Memoria gráfica	Guerra civil siria Crisis de los refugiados	Francia Delcourt
259	Stéphane Marchetti	Cyrille Pomès	*9603 kilomètres. L'odyssée de deux enfants*	2020	Memoria gráfica	Afganistán Refugiados	Francia Futuropolis
260	Saif A. Ahmed	Robin Jones	*Yasmeen, #1*	2020	Ficción	Iraq Crisis de los refugiados	EE. UU. Scout cómics
261	Eduard Altarriba	Eduard Altarriba	*Migrantes*	2020	Ensayo	Crisis de los refugiados	España Bang Ediciones
262	Maximilian Uriarte	Maximilian Uriarte	*Battle Bonr. Lapis Lazuli*	2020	Ficción	*War on Terror* Guerra de Afganistán	EE. UU. Little, Brown and Company
263	Mana Neyestami	Mana Neyestami	*Trois heures*	2020	Memoria gráfica	Irán Exiliados	Francia Çà et là; Arte Éditions
264	Riad Sattouf	Riad Sattouf	*L'Arabe du futur, 5. Une jeunesse au Moyen-Orient (1992-1994)*	2020	Memoria gráfica	Siria	Francia Allary

SE TERMINÓ DE IMPRIMIR ESTA EDICIÓN DE
EL CÓMIC COMO FUENTE DE INFORMACIÓN PARA INVESTIGAR
LAS CRISIS EN ORIENTE PRÓXIMO (1948-2020)
EL DÍA 8 DE MARZO DE 2024,
FESTIVIDAD DE SAN JUAN DE DIOS

LAUS DEO VIRGINIQUE MATRI